Der Mann au

Atticus G. Haygood

Writat

Diese Ausgabe erschien im Jahr 2023

ISBN: 9789359253473

Herausgegeben von
Writat
E-Mail: info@writat.com

Nach unseren Informationen ist dieses Buch gemeinfrei. Dieses Buch ist eine Reproduktion eines wichtigen historischen Werkes. Alpha Editions verwendet die beste Technologie, um historische Werke in der gleichen Weise zu reproduzieren, wie sie erstmals veröffentlicht wurden, um ihre ursprüngliche Natur zu bewahren. Alle sichtbaren Markierungen oder Zahlen wurden absichtlich belassen, um ihre wahre Form zu bewahren.

Inhalt

Vorbereitend. ....- 1 -
KAPITEL I. HABEN DIE EVANGELISTEN JESUS ERFUNDEN? ....- 2 -
KAPITEL II. „KEIN DRAMATIKER KANN GRÖßERE MÄNNER ALS ER SELBST ZEICHNEN." ....- 7 -
KAPITEL III. Matthäus, Markus, Lukas und Johannes sind weder gut noch groß genug. ....- 10 -
KAPITEL IV. IST JESUS EIN IDEALER JUDE DER ZEIT DES TIBERIUS? ....- 16 -
KAPITEL V. JESUS UND MYTHEN. ....- 20 -
KAPITEL VI. JESUS UND DIE HEBRÄISCHE MENSCHLICHE NATUR. ....- 25 -
Kapitel VII. Seine Denkweise unterscheidet ihn von Männern. .- 30 -
KAPITEL VIII. „NIEMALS SPRICHT DER MANN WIE DIESER MANN." ....- 35 -
KAPITEL IX. DER SOHN DES MENSCHEN UND DER SÜNDE. ....- 41 -
KAPITEL X. Das Ausmaß des Endes, das er vorschlug und anstrebte. ....- 48 -
KAPITEL XI. NIE WIE DIESER MANN GEPLANT WURDE . ...- 51 -
KAPITEL XII. JESUS WEDER THEOLOGE NOCH KIRCHE. ....- 58 -
KAPITEL XIII. „JESUS CHRISTUS ging den Weg des Untergangs." ....- 62 -
KAPITEL XIV. SEIN GRIFF AUF DIE MENSCHHEIT. .- 66 -

Kapitel XV. WAS ER FORDERT UND FORDERT. ....- 72 -
Kapitel XVI. JESUS DER EINE UNIVERSELLE CHARAKTER. ....- 77 -
Kapitel XVII. DER CHRISTUS, DER SOHN DES LEBENDIGEN GOTTES. ....- 81 -

Vorbereitend.

DECATUR, GEORGIA, *9. April 1889*.

Mein lieber Lundy:

Sie und viele andere meiner Studenten an der Emory University in den Jahren 1876–1884 haben mich oft gebeten, die Gedanken über den „Mann von Galiläa" – „Jesus von Nazareth", die ich Ihnen vorgetragen habe, als wir zusammen an der Emory University waren, in eine dauerhafte Form zu bringen altes College in Oxford. In diesem kleinen Buch habe ich die ganze Zeit an die Jungen gedacht, als stünden sie vor mir in meinem Hörsaal in „Seney Hall". Oftmals schienen die Gesichter der Jungen sich auf mich zu beziehen, so wie ich es geschrieben habe, und ich konnte fast hören, wie sie mir Fragen stellten, wie sie es früher taten.

Jetzt, wo sie über die ganze Welt verstreut sind – nicht wenige von ihnen in fernen Missionsfeldern –, folgt ihnen mein Herz allen, und diese Seiten, die ohne sie nie erschienen wären, geben ihnen die Gewissheit, dass sie ein Interesse an ihnen haben, das niemals sterben kann.

Dein Freund,

Atticus G. Haygood.

Der REV. LUNDY H. HARRIS,

Professor am Emory College, Oxford, Georgia.

KAPITEL I.
HABEN DIE EVANGELISTEN JESUS ERFUNDEN?

WER und was war Jesus von Nazareth? In dieser Frage und ihrer Antwort steckt das Ganze dessen, was wir unter Christentum verstehen.

Wenn nachweislich bewiesen werden könnte, dass es nie eine Person wie Jesus gegeben hat, würde das Christentum als lebendige Kraft von der Erde verschwinden. Es gäbe tatsächlich eine Geschichte, eine Literatur, die die Menschen nach ihrem Geschmack interessieren würde; aber es gäbe kein herzveränderndes, welterhebendes System lebenswichtiger und belebender Wahrheiten und entsprechender Pflichten, das das Gewissen jedes Menschen bindet und in jeder Brust Hoffnung weckt.

In den Diskussionen, die wir jetzt beginnen, wird nichts angenommen außer dem, was zu offensichtlich ist, um in Frage gestellt zu werden. Es wird nicht angenommen, dass die kleinen Bücher, die „Evangelien" genannt werden, überhaupt inspiriert wurden. Sie werden nicht aufgefordert, an ein Wunder zu denken, sagte er wurden von Jesus als Beweis seiner Göttlichkeit durchgeführt. Ich werde auch keine Beweistexte zitieren, um zu zeigen, dass er göttlich ist.

Die erste Frage, die man stellen muss, lautet: Hat eine solche Person wie Jesus, wie sie beschrieben wird, jemals wirklich existiert? Lebte Jesus wirklich in Nazareth und arbeitete in Josephs Werkstatt? Ist er etwa drei Jahre und sechs Monate lang zwischen den Menschen hin und her gegangen, um sie zu lehren? Gab es in den Tagen von Herodes und Pilatus einen Jesus so sicher wie einen Cäsar?

So viel ist sicher: Wir haben in diesen vier kleinen Büchern – verglichen mit dem, was jeden Tag über gewöhnliche Menschen geschrieben wird, wie klein sie sind! – Matthäus, Markus, Lukas und Johannes einen ganz besonderen Charakter zugeschrieben, der uns bekannt und bekannt ist als Jesus in die Geschichte eingehen. Ob die Männer, deren Namen die kleinen Bücher tragen, oder andere Männer, deren Namen wir nicht mehr kennen, sie geschrieben haben, spielt keine Rolle. Wichtiger als die Frage der Urheberschaft ist der Inhalt von Büchern. Ganz gleich, wer sie geschrieben hat, die Figur, die wir als Jesus kennen, kommt in den Büchern vor; darüber kann es keinen Streit geben; Hier ist es, vor unseren Augen. Und dieser Charakter findet sich ebenso sicher in der Geschichte, in der Literatur, in den Gedanken der Menschen, in allem, was wir unter christlicher Zivilisation verstehen, wie in den Schriften der vier Männer, die wir Evangelisten nennen.

Wir haben nicht nur den Charakter, wir sehen auch klar, dass es sich um einen absolut einzigartigen Charakter handelt. Es ist in vielerlei Hinsicht einzigartig, aber vor allem darin: Es ist der einzige perfekte Charakter, der auf der Welt aufgetaucht ist und jemals einen Platz in der Geschichte oder im Denken der Menschen hatte. Es wird gesagt, dass der flüchtige Voltaire Jesus einmal mit Fletcher von Madeley verglich und ihn für einen ebenso guten Mann wie den Nazarener hielt. Aber der leichte Franzose verstand weder das eine noch das andere. Einer sagte über einen ungeeigneten Biographen von Fletchers großem Freund John Wesley: „Er hatte nichts, womit er schöpfen konnte, und der Brunnen war tief."

Gibt es zumindest einen einzigen Fehler in diesem Charakter, den wir bei den Evangelisten finden? Gibt es eine Schwachstelle, einen Hinweis auf einen Fehler, einen Hinweis auf Gebrechlichkeit oder einen Verdacht auf ein Versagen, auch nur die geringste, das zu tun und zu sein, was für ihn richtig war?

Schauen Sie ihn an, wie er uns in diesen kurzen Schriften vorgestellt wird; Schauen Sie, wenn Sie so wollen, ehrfürchtig, aber mit offenen und furchtlosen Augen, um alles zu sehen, was von ihm zu sehen ist. Welchen kleinsten Fehler kann man an ihm finden? Gibt es auch nur den geringsten Grund, Pilatus' Urteil „Ich finde keine Schuld an ihm" aufzuheben oder auch nur in Frage zu stellen? Gibt es in der gesamten Geschichte einen anderen Charakter, von dem Sie so viel sagen oder glauben können? Gibt es noch jemanden, den Sie neben ihm nennen möchten?

Wenn Sie eine andere Figur beurteilen würden – sei es eine reale Person als Weiser, Staatsmann oder Philanthrop oder eine imaginäre Person als Held einer Geschichte – wie würden Sie sie am strengsten beurteilen? Man würde ihn mit Jesus vergleichen. Wir müssen uns daran erinnern, dass wir Jesus die höheren Maßstäbe verdanken, nach denen wir die Menschen unserer Zeit beurteilen. Christusähnlichkeit drückt das höchste Charakterideal aus, das wir uns vorstellen können.

Wie Sie wissen, haben einige Autoren bestritten, dass Jesus, der Jesus der vier Evangelien, jemals wirklich gelebt hat, ein Mann unter Menschen. Weitaus wichtiger als bloße Leugnungen in Büchern ist das Unvermögen vieler Tausender, in ihrem innersten Bewusstsein zu erkennen, dass die Geschichte der Evangelisten die Aufzeichnung eines tatsächlich gelebten Lebens ist.

Wir werden von denen, die leugnen oder bezweifeln, dass Jesus wirklich gelebt hat, Rechenschaft über die Existenz dieser Figur verlangen. Dies müssen sie tun, denn die Existenz des Charakters können sie nicht leugnen; es ist hier vor den Augen der Menschen, wie es in den Gedanken und im Leben der Menschen ist. Diese Figur kommt nicht nur in diesen kleinen

Büchern vor; es steht in hunderttausend Büchern. Es war vor langer Zeit nicht nur in den Köpfen von vier Schriftstellern; Es ist heute in den Köpfen von Millionen Männern, Frauen und Kindern. Wenn jemand das Historische leugnen oder anzweifeln sollte Jesus, lass sie uns erklären, wie dieser Charakter, makellos und vollkommen, jemals in die Gedanken der Menschen gelangte und jetzt in der Geschichte, Literatur, Kunst, dem Gesetz, der Sitte, im menschlichen Leben selbst vorkommt.

Einige haben versucht, die Existenz der Figur zu erklären, während sie bestritten, dass Jesus wirklich unter Menschen lebte, indem sie uns erzählten, dass die Evangelisten den Jesus dieser Geschichten erfunden hätten. Sie sagen uns, dass Jesus das Produkt des dramatischen Genies der vier Männer ist, deren Namen zu dem kurzen Bericht gehören, den wir über ihn, seine Worte und seine Taten haben. Es würde nichts daran ändern, zu leugnen, dass diese vier die Bücher geschrieben haben, und zu sagen, dass einige andere Schriftsteller, deren Namen wir nicht kennen, die Figur erfunden haben.

Schauen wir uns diese Sichtweise des Themas sorgfältig und fair an. Wenn es vernünftig ist , kann es wahr sein; Wenn es wahr ist, brauchen wir keine Angst davor zu haben, es zu akzeptieren. Nichts in Jesus fordert die Menschen dazu auf, zu glauben, was für sie nicht die Wahrheit ist; Nichts kann ihm unähnlicher sein, als Worte ohne Überzeugungen zu gebrauchen. Wir können nicht anders, als „an dem festzuhalten, was wahr ist"; Tatsächlich können wir an nichts anderem festhalten , auch wenn es nicht von so vielen Menschenstimmen als Wahrheit bezeichnet wird.

Die Theorie, dass Jesus eine Erfindung ist, ist eine andere Art zu sagen, dass er der Held einer Romanze ist, eine Schöpfung konstruktiver Fantasie. Es beinhaltet Folgendes: Ungefähr zur gleichen Zeit wurden vier Juden aus einem Volk, das sich überhaupt nicht für die Herstellung von Büchern jeglicher Art interessierte – schon gar nicht für Bücher der Fantasie –, von dem Wunsch erfasst, Bücher zu schreiben, und so kam es, dass sie der Welt etwas gaben , als Produkt dramatischer Genialität, dieser Charakter Jesu. Zur Veranschaulichung kann man in gewisser Weise sagen, dass Bulwer den „Markgrafen" von *A Strange Story erfunden hat* .

Untersuchen wir die vorhergehende Wahrscheinlichkeit, dass diese Männer auf natürliche Weise versuchen würden, ein solches Werk der Fantasie zu konstruieren und in Form zu bringen. nein, mehr noch: ob sie sich überhaupt an eine dramatische Arbeit versuchen würden.

Bei der Prüfung solcher Fragen sind wir nicht auf Vermutungen angewiesen. Es ist historisch sicher, dass der hebräische Geist in der Antike dieser Art von literarischem Werk nicht zugeneigt war. Der griechische Geist bescherte der Welt Dramen, die ihresgleichen suchten; der hebräische Geist gab nichts. In der hebräischen Literatur aus der Zeit, die Jesus zugeschrieben wird, aus der Zeit nach ihm oder aus der Zeit Moses, gibt es nichts, was auch nur auf eine Tendenz zu solchen Schöpfungen der Fantasie hindeutet.

Wir haben viel zu beurteilen, und da kann es keinen Fehler geben. Wir haben die Schriften des Alten Testaments, die apokryphen Bücher, die Kommentare der Schriftgelehrten – Targums genannt – zu ihren heiligen Schriften, das Kleine Buch mit dem Titel „Apostelgeschichte", die anderen neutestamentlichen Schriften und die Werke von Josephus als Beispiele, die den Trend und die Methode der hebräischen Literatur zeigen.

Der hebräische Geist war in der Antike nicht der Kunst, sondern der Moral verpflichtet. Der Jude entwickelte erst künstlerische Impulse, als er weltoffen wurde und das Christentum die Welt veränderte. In der alten hebräischen Literatur, sei es in einfacher Prosa – in der Geschichte, in Gesetzen oder in Sprichwörtern; ob in Psalmen oder anderen Gedichten; Ob in der großartigen Bilderwelt der Propheten, finden wir, dass die Moral, nicht die Kunst, den Gedanken inspiriert und den Ausdruck formt. Es gibt weder Gemälde noch Statuen noch Dramen. Ihre Architektur wurde von den Phöniziern übernommen ; Sie waren originell in ihren Vorstellungen von Moral und in ihren Gesetzen und Bräuchen in Bezug auf Recht und Unrecht. Ihre Literatur wird von der Religion und nicht von der Kunst in ihren vielfältigen Entwicklungen dominiert.

Lesen Sie alles – die gesamte alte hebräische Literatur; Wir haben Geschichte, Gesetze, Sprichwörter, Poesie, Prophezeiungen, aber wir haben keine Dramen.

Sie können mich auf das Buch Hiob verweisen. Dies ist eher ein Drama als jedes andere. Wenn dies zulässig ist, ist dies die einzige Ausnahme. Aber es gehört zu einer Zeit, die sehr weit von der der Evangelisten entfernt ist. und wenn es sich um ein Drama handelt, handelt es sich, wie gezeigt werden kann, um ein Werk, wie es ein Hebräer geschrieben haben könnte. Aber die Geschichte von Jesus ist kein solches Drama, wie es ein Hebräer seiner Zeit hätte schreiben können, wenn man zulässt, was nicht wahr ist, dass sie sich ein Hebräer oder irgendein anderer Buchautor zu einem anderen Zeitpunkt hätte vorstellen können. Was das Buch Hiob betrifft, so steht es im Einklang mit hebräischen Merkmalen und mit der Zeit und dem Land, in dem seine Szenen angesiedelt sind. Die Bücher der Evangelisten stimmen nicht mit ihnen überein; sie widersprechen ihnen allen und völlig.

Betrachten Sie gut die vier kleinen Bücher der Evangelisten, die wir Evangelien nennen; Studieren Sie sie genauso wie alle anderen alten Schriften. Sehen Sie, was darin steht, damit Sie wissen, was für Männer es waren, die sie geschrieben haben. Lehnen Sie sie alle ab, wenn es dafür einen Grund gibt, aber achten Sie sorgfältig auf die eine Sache – ob diese Autoren eine Vorliebe für dramatische Werke hatten oder tatsächlich die Fähigkeit dazu besaßen. In ihren Schriften gibt es genügend Beweise dafür, dass Matthäus, Markus, Lukas und Johannes nicht zu den Klassen der Literatur und des Buchmachens gehörten. Sie gehörten zum einfachen Volk; ungebildet und ungelernt in der Literatur, Arbeiter und Geschäftsleute, ausgebildet als Laien. Ihr Leben war sehr weit entfernt von den Beschäftigungen und Einflüssen, die den sehr schwachen literarischen Instinkt beherrschten, der dieser Periode der hebräischen Literatur angehörte.

Ich komme zu dem Schluss, dass es von vornherein ebenso unwahrscheinlich war, dass die Evangelisten versucht hätten, irgendein Drama zu inszenieren, denn ich werde zeigen, dass es für sie unmöglich war, eine solche Geschichte, wie sie uns erzählen, zu erfinden, wenn sie den Versuch unternommen hätten. Der Mann aus Galiläa."

KAPITEL II.
„KEIN DRAMATIKER KANN GRÖSSERE MÄNNER ALS ER SELBST ZEICHNEN."

DIE Lehre, die ich in Bezug auf Jesus dargelegt habe, ist folgende: Eine solche Person muss tatsächlich gelebt haben, als Voraussetzung für die Vorstellung eines solchen Charakters, denn die Fähigkeit, einen solchen Charakter zu erschaffen, lag weder im hebräischen noch in irgendeinem anderen Geist.

An dieser Stelle möchte ich Ihnen sagen, wie meine Gedanken in die Argumentationslinien dieser Diskussion gelenkt wurden.

Im April 1861 las ich als Pastor in Sparta, Georgia, eines von Hugh Millers Büchern: *Erste Eindrücke von England und seinen Menschen*. Der Autor dieses für mich unterhaltsamen und lehrreichen Bandes verglich anlässlich eines Besuchs am Grab Shakespeares den großen Dichter Sir Walter Scott und Charles Dickens. Hugh Miller sagte (ich glaube, das Zitat ist im Wesentlichen richtig; ich habe das Buch schon lange nicht mehr gesehen – es wurde einigen von Ihnen ausgeliehen): „Kein Dramatiker, was auch immer er versucht, kann größere Männer zeichnen als er."

Ich klappte das Buch zu und sagte mir: „Dann haben Matthäus, Markus, Lukas und Johannes Jesus nicht erfunden."

Erst im Februar 1864 wurde der Gedanke, über den ich oft nachdachte, zur Diskussion gestellt. Als ich als Missionarsgeistlicher bei Longstreets Korps der Army of Virginia in der Nähe von Greenville, Ost-Tennessee, im Lager war, skizzierte ich an einem verschneiten Tag ziemlich grob die Umrisse eines Arguments und verwendete es eines Nachts, kurz darauf, in einer Predigt, die ich hielt der First Methodist Church, Atlanta, Georgia. Im Laufe der Jahre entwickelte sich daraus eine Reihe von Vorträgen, die ich vor Oberstufen des Emory College hielt. Es sprengte die Grenzen einer Predigt in Monticello, Georgia, im August 1878. Meine alten Schüler und bestimmte lebenslange Freunde werden mir diese persönliche Erinnerung verzeihen. Aus damit zusammenhängenden Gründen werden diese persönlichen Aussagen eingeführt.

„Kein Dramatiker kann größere Männer zeichnen als er." Hugh Miller meinte nicht, dass ein Schriftsteller keine größeren Männer als sich selbst beschreiben dürfe, sondern dass er keine Figur erfinden könne, die größer sei als seine eigene. Es ist so klar wie das Axiom der Physik, dass Wasser nicht über seinen Pegel steigen kann. Das Geschaffene kann nicht größer sein als das Erschaffende.

Es kommt sehr häufig vor, dass wir von „größeren Männern" schreiben als wir selbst; wir alle machen das. Wenn du Als Student schreckten Sie, wie Sie sich erinnern werden, nicht davor zurück, Essays über Cromwell, Washington, Gladstone, Bismarck und die wenigen dieser Männer, die gelebt haben, zu schreiben. Ich habe einen jungen Mann gekannt, der sogar über Sokrates ziemlich gut schrieb. Aber er hatte die Zyklopädien. Er erschuf nicht den guten und weisen alten Weisen – er dachte nicht für sich selbst und über sich selbst nach.

Hugh Miller sagt: „Dickens kennt seinen Platz." Der begabte Romancier versuchte nicht, große Charaktere zu erschaffen. Shakespeare tat es; er war größer als jede Figur, die er hervorbrachte; „größer" als jeder Mann, den er „gezeichnet" hat.

Wenn Sie sich fragen, ob diese vier Juden, die Evangelisten, die Figur, die wir als Jesus kennen, hätten erfinden können, müssen Sie bedenken, dass sie sich dazu zunächst einmal aus der Sphäre des jüdischen Denkens und Fühlens begeben mussten . Wenn ihnen alle persönlichen Qualifikationen zugestanden worden wären, machten die Bedingungen, unter denen sie lebten, die Erfindung eines solchen Charakters unmöglich; Sie konnten die intellektuelle, soziale und moralische Luft, in der sie lebten, nicht atmen und es auch tun. Denn dieser Charakter, der Jesus der Evangelisten, steht weder im Einklang mit den wesentlichen Merkmalen der jüdischen Rasse noch mit den vorherrschenden Einflüssen dieser Zeit; Dieser Charakter widerspricht diesen Eigenschaften und Einflüssen in jedem Punkt.

Zugegeben – und es ist ein intellektuelles Wunder, das die Glaubwürdigkeit übersteigt –, dass diese Männer die erste Voraussetzung für die Erfindung eines solchen Charakters erfüllten und, wie kein anderer Mann jemals in irgendeiner Nation oder Zeit, die kontrollierenden Einflüsse überwanden, unter denen sie standen Fragen wir uns, ob sie angesichts dessen, was sie in diesen Schriften über sich selbst offenbaren, zu einer so intellektuellen und spirituellen Leistung wie der Erfindung eines Dramas fähig waren, das Jesus der Welt schenken sollte.

Um ein solches Ergebnis zu erzielen, mussten sie über einen umfassenden, tiefgreifenden und hoch entwickelten Intellekt verfügen, der in der Lage war, die mächtigen Lehren, die Jesus lehrte, zu durchdenken. Und das war, wie wir wohl glauben können, der geringste Teil ihrer Aufgabe.

Für mich ist es unglaublich, dass diese vier Männer die Lehren Jesu durchdacht haben konnten. Für ein solches Denken fehlte ihnen alles, was Geschichte und Philosophie als notwendig für ein solches Denken zeigen.

Warum konnten Sokrates und Platon, die großen, gelehrten, weisen und guten Menschen, die mehr als nur flüchtige Einblicke in die himmlischen Wahrheiten erhielten, nicht verstehen, was die Bergpredigt enthält?

Sokrates und Platon hätten, wenn bloße Menschen so denken könnten, die Bergpredigt erdacht; denn sie verfügten über jede Gabe, die die Natur zu verleihen vermochte, und jede Gelegenheit wurde kultiviert Athen könnte bieten. Und sie taten ihr Bestes, um die Wahrheiten herauszufinden, die Mensch und Gott miteinander verbinden. Sie versagten; und Platon seufzte über das Kommen eines göttlichen Mannes, der deutlich machen würde, was für ihn dunkel war.

Wenn Jesus nie gelebt hat, dann haben sich die vier Evangelisten oder Männer wie sie seine wunderbaren Lehren ausgedacht. Es ist undenkbar.

Aber ihre Aufgabe war weitaus schwieriger, als die Wahrheiten zu ergründen, die Jesus in den Evangelien zugeschrieben werden; Sie mussten sich auch einen Mann ausdenken, der ihnen gerecht wurde. Es ist einfacher, eine großartige Rede zu schreiben, als dem Leser einen Mann vorzustellen, von dem er weiß, dass er in der Lage ist, sie zu halten. Aber das ist einfacher, als eine erhabene Morallehre zu verkünden und zu zeigen, dass ein Mann danach lebt. Ihr Problem, wenn sie alles durchdachten, war unermesslich größer als die Erfindung der Bergpredigt und der anderen Diskurse, die sich so leicht auf derselben hohen Ebene des Denkens und des spirituellen Lebens bewegen; Es ging darum, ein Leben zu erfinden und ein Leben in absoluter Harmonie mit diesen unvergleichlichen Diskursen zu offenbaren. Aber Jesus lebte die Bergpredigt und alles andere, was er jemals lehrte. Nicht ein einziges Mal, auch nicht im Geringsten, weder in Wort noch in Tat, versagt er; immer wird er seinen Lehren gerecht; er verkörperte seine Lehre. Kein anderer Mensch, weder vor noch nach Jesus, hat jemals die Predigt über das Leben erfüllt Montieren; die besten Männer und Frauen haben es nur annähernd erreicht; und es sind die Besten, die ihr Versagen am meisten erkannt haben. Aber Jesus lebte seine Lehren so perfekt, dass wir ihre Bedeutung erst in seinem Leben wirklich erkennen können.

Wie sollen wir die Fähigkeit dieser vier, Matthäus, Markus, Lukas und Johannes, messen, diesen Charakter Jesu zu erschaffen? Durch die Offenbarungen, die sie in ihren Schriften über sich selbst machen: ihre Fähigkeiten und ihren Charakter.

KAPITEL III.
Matthäus, Markus, Lukas und Johannes sind weder gut noch groß genug.

WIE wenig die Evangelisten in der Lage waren, eine solche Figur wie den Jesus der vier Evangelien zu erfinden, wird deutlich, wenn man Jesus und seine Lehren mit ihnen und ihren Vorstellungen vergleicht.

Hier muss davon ausgegangen werden, dass Sie zumindest einigermaßen darüber nachgedacht haben, was der Charakter Jesu ist und was seine Lehren bedeuten. Was Ihre Vorstellung von ihm und seinen Lehren betrifft, so bin ich mir sicher: Wenn Sie ihn und seine Worte weiterhin studieren, werden Ihnen Ihre besten Ideen nach und nach als sehr unwürdig erscheinen.

Messen Sie die Evangelisten und ihre Gedanken an Jesus und seinen Gedanken. Wie klein, schmal, dürftig und mager sind sie! Wenn sie in diesen Geschichten sprechen, wenn sie handeln, geben sie uns den Maßstab und das Niveau sehr gewöhnlicher Menschen. Sie verstehen ihn falsch, bis er vor Kummer über ihre Stumpfheit und Herzenshärte zerreißt. Sie interpretieren seine einfachsten Worte falsch. Sie zeigen in vielerlei Hinsicht was Selbst für uns scheint es eine erstaunliche geistige Dummheit und geistige Unfähigkeit zu sein.

Dies ist ein gutes Beispiel für sie und ihr Denkvermögen: Jesus sagte eines Tages zu ihnen: „Hütet euch vor dem Sauerteig der Pharisäer und Sadduzäer." „Und sie überlegten untereinander und sagten: Das liegt daran, dass wir kein Brot genommen haben", womit er meinte, dass sie mit diesen Leuten kein Brot essen dürften.

Dies gibt uns auch die Richtung und den Maßstab ihrer Gedanken: Jesus sprach ständig und auf vielfältige Weise zu ihnen vom „Königreich des Himmels", und sie träumten und sprachen immer wieder von einem „Königreich Israel", der Wiederherstellung von Davids Thron. Dies war der allgemeine Gedanke und die allgemeine Rede in ihrem Kreis. Salome, eine der besten Frauen, die Jesus nachfolgten und ihn liebten und um seinetwillen Gefahren und Verachtung trotzten, bevorzugte ehrgeizige Wünsche für ihre beiden Söhne Jakobus und Johannes, die im Geheimnis und Mitgefühl ihrer Mutter standen und hohe Positionen für sie anstrebten in dem, wonach sie sich so sehr sehnten – die kommende Evangeliumszeit der nationalen Befreiung und Herrschaft.

So weit unter seinen Gedanken liegen ihre Gedanken, so unähnlich sind sie ihm, dass kein christliches Kind, das nur teilweise von Jesus erfahren hat, was er unter dem „Reich Gottes" versteht, lesen kann, was Salome und ihre Söhne zu Jesus sagen, ohne zurückzuschrecken von ihnen.

Waren die Evangelisten gut genug – verfügten sie über die moralische Erhebung, die für die Vorstellung solcher Wahrheiten erforderlich war, wie Jesus sie lehrte? Von einem Leben wie Jesus? Von Jesus selbst?

Wenn Sie wissen, was in diesen Evangelien steht, ist es für Sie zu offensichtlich, dass Sie ein Argument brauchen, dass diese Männer in Bezug auf Moral, Recht und Unrecht und alles, was mit dem geistlichen Leben zu tun hat, weit unter der Sphäre Jesu standen. Während er Selbstverleugnung als Voraussetzung für den Eintritt in ein mit seinem Leben gemeinsames Leben verkündete, pflegten diese Männer, obwohl sie behaupteten, seine Jünger und besten Freunde zu sein, miteinander über Ehrenplätze zu „streiten". Sie suchten nach Speiselokalen und Ehrenplätzen im irdischen Königreich.

Einige von ihnen zeigten, dass sie bei Gelegenheit kämpfen konnten – ihr galiläisches Blut war dem ebenbürtig; aber es mangelte ihnen sehr an moralischem Mut. Sie hatten nicht nur Angst vor der Wut der Männer, sondern auch vor ihrer Kritik. Aber es ist unmöglich, sich Jesus als einen Menschen vorzustellen, der auch nur einen Augenblick zögert, aus Angst vor Menschen, vor dem Tod oder vor Kritik, eine Wahrheit auszusprechen oder etwas Richtiges zu tun. Wir können uns nicht vorstellen, dass Jesus den Puls der öffentlichen Meinung spürt, um zu entscheiden, was er sagen soll. Wir können uns nicht vorstellen, dass Jesus einen Moment lang um sich blickte, um in den Gesichtern seiner Zuhörer zu erkennen, ob sie Galiläer waren Bauern oder die Hauptstände Jerusalems, die wahrscheinliche Aufnahme seiner Worte. Wir können uns nicht vorstellen, dass er um einen Millimeter von der vollkommenen Wahrheit, wie er sie sah, abweicht, um Gunst zu gewinnen oder Groll zu vermeiden. Wir sind uns sicher, dass solche Gedanken nie in seinem Kopf waren – dass solche Gefühle nie in seinem Herzen waren. Sein „Auge war einsam", sein „ganzer Körper voller Licht".

Zeigen diese Männer, deren Namen zu den vier Evangelien gehören, das richtige Gefühl und die richtige Einstellung, einen solchen Charakter zu erfinden, und gewähren ihnen, was wir wissen, dass sie nicht alle anderen Qualifikationen hatten? Kann man angesichts dessen, was sie waren und wie sie sich zeigen, glauben, dass sie in ihrem Innersten mit dem Charakter sympathisierten, den sie uns in den Evangelien gegeben haben? Um einen wirklich großartigen, vielseitigen Charakter zu erfinden, bedarf es nicht nur ausreichender Intelligenz und Gewissensstärke; Es muss auch die richtige Sensibilität vorhanden sein. Es muss nicht nur ein großer Geist und ein wahres Gewissen vorhanden sein; Es muss ein gutes Herz geben. Die Evangelisten waren keine schlechten Menschen, aber sie waren ungeistlich.

Wenn man nach einer ursprünglichen Auffassung des Intellekts nicht „einen Mann zeichnen kann, der größer ist als er selbst", kann man umso weniger einen Mann zeichnen, der besser ist als er selbst.

Testen Sie ihre Fähigkeit für eine Arbeit wie die Erfindung des Jesus der Evangelien in irgendeiner Richtung. Vergleichen Diese Männer stimmten mit Jesus über seine Lehre und Praxis über Toleranz und menschliche Brüderlichkeit überein. Sie schrumpfen ins Nichts.

Jesus geht zum Haus des Zöllners Zachäus, den ganz Jericho hasste. Jesus speist mit dem unbeliebten, verachteten Mann; er predigt ihm das vollständige Evangelium; er ist freundlich zu ihm; er liebt ihn. Die Jünger hatten nicht Mitleid mit Jesus, sondern mit der Menge, die „murrte". Sie waren beschämt, unzufrieden, verängstigt, empört; Jesus hatte so unvorsichtig gehandelt, dass er mit einem Mann zu Abend gegessen hatte, der keine Freunde, aber viele Feinde hatte.

Sie wissen von Jesus aus seinen Worten, vor allem aus seinem Leben, dass er zu Vorurteilen unfähig war; dass kein elender oder gemeiner Mann irgendeiner Klasse oder Rasse vergeblich an ihn appellieren könnte. Sie wissen, dass Jesus so frei von jeglicher Intoleranz, von allen Kastengefühlen und Rassenvorurteilen war, wie der jungfräuliche Schnee frei von Flecken ist. Aber seine Jünger, diese Männer, die uns von ihm erzählt haben, waren von diesen Gefühlen durchtränkt und vergiftet; Sie lebten auf der niedrigen Ebene ihrer Rasse und Zeit und nicht darüber. In der „Apostelgeschichte" sehen wir, was diese Ebene war; Der Jude hasste Nichtjuden. Betrachten Sie die Geschichte von Petrus' Besuch bei Kornelius, und Sie werden sehen, wie tief und unverwüstlich das Gefühl ist, das eine Kluft zwischen den Juden und anderen Rassen aufgerissen hat. Überlegen Sie, was gemeint ist durch den plötzlichen Wutausbruch bei dem Wort „Heide", als Paulus an diesem Tag im Tempelhof, als er auf der Burgtreppe stand, zum Pöbel sprach. Die gesamte Geschichte veranschaulicht dieses starke Rassenvorurteil. In diesem Land feierte im Frühjahr 1888 ein Jude die Beerdigung seiner Tochter, weil sie einen Nichtjuden geheiratet hatte.

Lesen Sie die Geschichte der syrophönizischen Frau, das Gleichnis vom barmherzigen Samariter, seine himmlischen Lehren über die Liebe zu unseren Feinden und denken Sie dann an diese Schriftsteller, die Jesus und seine Lehren erfunden haben.

Sehen Sie die falsche Scham auf ihren Gesichtern, wenn sie Jesus beim Jakobsbrunnen mit der Frau aus Sichar sprechen sehen, und fragen Sie, ob Männer wie diese in derselben Welt wie er lebten!

Betrachten Sie die Haltung Jesu gegenüber gefallenen Frauen. Sehen Sie, wie er sich mit der Frau langweilte, die in Simons Haus seine Füße mit ihren

Tränen wusch; sehen Sie seinen zärtlichen Respekt für Magdalena; Seht ihn, seine Wangen glühten vor Scham und Verwirrung, seine Augen feucht vor Mitleid, wie er an dem Tag , an dem sie ein sündiges Mädchen zu ihm brachten und das Urteil über sie forderten, mit seinem Finger Spuren auf den Boden machte.

Diese Männer, die über Jesus schrieben, waren zu solchen Gefühlen und Verhaltensweisen ebenso unfähig wie unfähig, Welten zu erschaffen. Gott habe Mitleid mit uns! so unfähig wie wir, seine heutigen Jünger, die danach Alles, was er uns gelehrt und für uns getan hat, bleibt in unserer Gemeinheit und Feigheit immer noch im Heidentum und verachtet diejenigen, die Jesus nicht verachtet hat. Wir können diese Evangelisten selbst beurteilen; sie waren wie wir. Sie schämten sich seiner, als er respektvoll und freundlich zu gefallenen Frauen sprach; Wir würden uns seiner jetzt schämen, wenn er wieder leibhaftig unter uns wäre und sich gegenüber unseren Ausgestoßenen verhalten würde, wie er es tat, als er in Galiläa war.

Wenn möglich, waren diese Evangelisten ebenso unfähig wie wir, den Charakter Jesu zu erfinden.

Bei dem, was über die Fähigkeit dieser Männer gesagt wurde, sich einen solchen Charakter wie Jesus vorzustellen, sprechen wir nicht von Kopisten, sondern von Schöpfern; nicht von denen, die lediglich eine Geschichte aus Materialien zusammenstellen, die die Geschichte liefert, oder aus einem gelebten Leben, sondern von denen, die eine Figur erfinden und ausdenken. Die Kopisten, die Historiker, die Biographen, die Romanciers schreiben und reden leicht von größeren und besseren Männern als sie selbst. Diese Art literarischer Arbeit, diese Art des Denkens geschieht jeden Tag; es ist so üblich wie das „Herstellen von Büchern". Wenn uns die Materialien zur Verfügung gestellt werden, können wir durchaus über diejenigen schreiben, die über uns hinausgehen. Wir werden dies natürlich und oft notwendigerweise tun, wenn wir jemanden beschreiben, der tatsächlich gelebt hat. Große und gute Männer und Frauen hatten es schon oft Biographen sind ihnen unermesslich unterlegen. Ein kluger Literat könnte ein gutes Bild von Julius Cäsar zeichnen . Froude hat es geschafft. Ein Mann mit hartem und engstirnigem Geist kann so über Helden schreiben, dass wir ihre Überlegenheit spüren. Carlyle hat dies für nicht wenige getan. Ein kleiner Mann kann uns von seinem Meister erzählen. Sogar Boswell könnte das tun.

Aber wenn wir darüber nachdenken, ob diese vier Autoren den Charakter Jesu hätten erfinden können, sprechen wir nicht von der Art von Arbeit, die Historiker und Biographen leisten, sondern von rein schöpferischer Arbeit; das Denken einer Figur, die nie von einer anderen beschrieben wurde und die nie gelebt hat. Denn die Theorie, über die wir jetzt nachdenken, besagt, dass Jesus nie gelebt hat; dass er nur das Produkt des dramatischen Genies dieser vier Schriftsteller ist: Matthäus, Markus, Lukas und Johannes.

Wenn Sie nun darüber nachgedacht haben, werden Sie zu dem Schluss kommen, dass von dieser Art von Arbeit, wenn überhaupt, nur sehr wenig getan wird. Vielleicht sollten wir zögern zu behaupten, dass eine solche kreative Arbeit unmöglich ist, aber es kann durchaus bezweifelt werden, ob eine Figur in einer Fiktion oder einem Drama jeglicher Art, von einem Schriftsteller egal aus welchem Zeitalter, eine reine Erfindung ist. Gibt es nicht für jede Figur sowohl in der Belletristik als auch in der Geschichte irgendwo einen Mann in irgendeiner Form? Gibt es Tatsachen im wirklichen Leben, die das Material für die Konzeption und Beschreibung dieser Lebensform liefern, die uns die Schrift präsentiert? Gibt es in irgendeiner Schrift eine Figur, deren intellektuelle Abstammung nicht aus einem tatsächlich gelebten Leben oder auf eine andere Weise als durch kreative Prozesse stammt, die in die Gedanken des Autors eingedrungen sind?

Betrachten Sie Shakespeares Stücke. Das Leben lieferte die Materialien; Hinter seinen Helden und Heldinnen stehen echte Männer und Frauen. Nehmen Sie Miltons Satan. Er ist Milton in Kraft und Erhabenheit sehr ähnlich; aber der Dichter hat die Figur nicht geschaffen. Sein Satan ist ein zusammengesetztes Werk aus biblischen Hinweisen und heidnischer Mythologie. Dieser Satan hatte in den Gedanken der Menschen gelebt, bevor Milton ihn in die Hand nahm.

Denken Sie nur daran, wie schwierig, wenn nicht unmöglich es sein muss, sich einen völlig neuen Charaktertyp auszudenken, einen Typus, für den es im Leben nichts zu vertreten gibt. Es wäre, als würde man versuchen, sich einen sechsten Sinn vorzustellen. Hinter den Legenden, dem Edelsten und dem Unedelsten , gibt es irgendeine Form des Lebens oder irgendeine Form von Tatsachen. Es kann sein, dass alle Ideen, auch wenn sie nicht offengelegt werden, ihre Art oder ihren Ursprung irgendwo in der Natur oder im Leben haben. Ob mit der Hand oder mit dem Gehirn, der Mensch arbeitet mit den ihm zur Verfügung gestellten Materialien; Der Mensch erschafft nichts; Der Mensch ist geschaffen.

Aber es gab in keiner Nation – und diese vier Männer kannten die jüdische Nation nur mit der Fülle ihres Wissens – irgendeinen Charakter, irgendein Leben, irgendwelche Fakten, die auch nur annähernd auf Jesus hindeuteten. Sie waren der hebräischen Geschichte verschlossen, und das auch noch konnte den Evangelisten keine Materialien zur Konstruktion eines solchen Charakters liefern. Es wurde nicht von den hebräischen Propheten vorgeschlagen; denn es ist offensichtlich, dass die Jünger diese Prophezeiungen erst dann als Hinweis auf Jesus verstanden, als er sein Leben gelebt hatte, bis seine Mission beendet war. Nein, bei all dem rückwärts gerichteten Licht seines Lebens könnten heutzutage keine vier Männer auf der Welt ohne die eigentliche Geschichte den Charakter und das Leben Jesu aus dem, was die Propheten sagen, konstruieren.

Es gibt viele fantasievolle Schriften über bestimmte Charaktere in der Geschichte des Alten Testaments, die als Vorbilder für den Messias gelten. Joseph, Moses, Josua, David – sogar der großartige und verschwenderische Salomo und der grobe, langweilige Simson wurden als Vorbilder für den wahren Menschensohn dargestellt. Adam selbst wurde in diesem Zusammenhang thematisiert und dargestellt. Einige dieser Männer gehörten zu den Größten und Besten der Menschheit. Aber was auch immer sie als Vorbilder für den von den Propheten vorhergesagten Lehrer, Fürsten und Erlöser waren, es gab nichts in diesen Männern, was auf die Erfindung des Christus der Evangelisten hätte hinweisen können.

Soweit man die Vorhersagen in der hebräischen Prophezeiung als Erklärung für die Empfängnis Jesu durch die Evangelisten anführen kann, haben sie sie nicht nur nicht so verstanden, dass sie davon keinen solchen Gebrauch gemacht haben, sie Sie missverstanden sie und nahmen gemeinsam mit ihrem Volk an, dass sie einen anderen und völlig anderen Charakter als den Jesus der Evangelien vorhersagten. Jesus musste leben und sterben, bevor sie verstehen konnten, dass sich die Propheten auf ihn bezogen; Er war es, der ihre Bedeutung erschloss. Der ganze Christus ist nicht in den Propheten – könnte nicht sein; Worte konnten ihn nicht offenbaren; er musste leben, um bekannt zu werden.

Nichtchristliche Hebräer suchen bis heute nach einem anderen Charakter, der in Erscheinung tritt und die Propheten erfüllt. Der „Judenklageplatz" in Jerusalem erzählt Reisenden unserer Zeit, wie sie an einer Interpretation der Propheten festhalten, die den einfachen Nazarener ausschließt, von dem uns die Evangelisten erzählt haben.

KAPITEL IV.
IST JESUS EIN IDEALER JUDE DER ZEIT DES TIBERIUS?

WIR werden die Vorstellung, dass Jesus das Produkt dramatischer Genialität ist, unter anderen Gesichtspunkten betrachten. Haben die Evangelisten den nationalen Idealen Form und Stimme gegeben?

Jesus kann in diesen Schriften nicht die Kristallisation nationaler Legenden sein; Es gibt keine solchen Legenden. Hätten diese Autoren die Figur aus nationalen Legenden oder nationalen Hoffnungen konstruiert, wäre Jesus ein nationaler Befreier und kein persönlicher Retter gewesen, der zu den Menschen von Sünde und Erlösung gesprochen hätte. Er entsprach überhaupt nicht, wie diese Schriften und andere hebräische Schriften deutlich machen, dem Ideal der Nation als Held und Befreier. Jesus war alles andere als ein solches Ideal; er verdarb völlig das nationale Ideal des zukünftigen Shiloh; er enttäuschte jede Erwartung, die ihm entgegenkam.

Als das Volk und die Priester einst dachten, sie könnten ihn als nationalen Anführer einsetzen, versuchten sie, ihm eine Königskrone aufzuzwingen. Er lehnte ihre Krone ab und sie kreuzigten ihn.

Es gibt noch einen weiteren fatalen Einwand gegen die Vorstellung Jesus ist nur die Erfindung von vier Liebesromanautoren, die plötzlich unter einem Volk auftaucht, das keine Liebesromane geschrieben hat. Wenn sie ihn erfunden hätten, hätten wir vier Christusse, nicht einen.

Es gibt genug Unterschiede in ihren Aussagen, die wir nicht auf ehrliche Weise erklären können, aber das würde meiner Meinung nach aufhören, Unterschiede zu sein, wenn wir nur alle Fakten kennen würden, die belegen, dass diese Autoren keine Absprachen getroffen haben, um eine Geschichte zu erzählen, die Bestand hat zusammen. Wir kennen nicht alle Fakten; Sie werden sich erinnern, dass der heilige Johannes uns sagt, dass viele Dinge nicht aufgezeichnet sind; vielleicht haben wir nur den kleineren Teil davon.

Diese vier Männer sind nicht gleich; Keine zwei Männer sind es. Sie unterscheiden sich im Stil und damit auch im Temperament, den Begabungen, der Ausbildung und dem Charakter. Sie sind so unterschiedlich wie alle vier Schriftsteller, die Sie kennen; Zur Veranschaulichung: Carlyle, Emerson, Macaulay und Irving unterscheiden sich.

Um den Gedanken, über den Sie nachdenken sollten, deutlicher zu machen, nehmen Sie Satan als eine Figur in der Literatur. Vergleichen Sie die Satane von Milton, Goethe, Bailey, Browning und Byron. Diese Autoren zeigen uns fünf, nicht einen Häuptling der Teufel. Sie sind so unterschiedlich wie ihre Autoren; und sie sind wie ihre Autoren.

Nur eine Frau hätte den Satan von Mrs. Browning zeichnen können. Miltons Satan ist eine Kopie des miltonischen Intellekts und Charakters – großartig, gelehrt, metaphysisch, streng; Puritan ist der Held des *Paradise Lost* . Baileys Satan wuchs in der Atmosphäre des Temple Court auf und ist ein erstklassiger Londoner Anwalt mit teuflischer Natur. Byron ist wie Byron – brillant, launisch, verzweifelt und eitel. Goethe ist Deutscher und in Weimar aufgewachsen. Er ist wie der Hohepriester und Dichter des Materialismus, der uns den *Faust geschenkt hat* ; wie Goethe, Universitätsabsolvent, gelehrt, wissenschaftlich, literarisch, hochqualifiziert, abwechselnd fröhlich und zynisch, ein Mann von Welt, Gentleman selbst in Diabolismen, einer, der mit der besten Gesellschaft vertraut ist, kosmopolitisch in seinem Geschmack und in der Kleidung des 19. Jahrhunderts und Manieren sowie in seinen Meinungen und Gewohnheiten.

Aber diese vier Männer, die über Jesus schrieben, diese Männer, die in ihrer Ausbildung und Lebensweise so unterschiedlich waren – Matthäus, der unter der römischen Regierung Steuereintreiber gewesen war; Markus, ein kleines Kind, als Jesus unter den Menschen war, und von einer fürsorglichen Mutter erzogen wurde; Lukas, ein „geliebter Arzt"; und Johannes, ein Fischer aus Galiläa – diese haben uns einen Jesus gegeben, nicht vier. Die Unterschiede sind so groß, dass vier Fotografien eines Mannes in unterschiedlichen Körperhaltungen vom selben Künstler am selben Tag aufgenommen wurden. Ganz gleich, aus wessen Feder sie stammen, die Worte und Taten Jesu in den vier Evangelien sind die Worte und Taten eines einzigen Mannes.

Es gibt jedoch eine andere Sichtweise auf die Vorstellung, dass die Evangelisten den Charakter Jesu erfunden hätten.

Vorausgesetzt, dass diese Männer die geistige und spirituelle Fähigkeit hatten, einen Charakter wie den von Jesus zu schaffen; Zugegeben, dass diese Schriftsteller, die in sich und ihren Umständen so unterschiedlich waren, durch einen seltsamen Zufall, obwohl ohne Präzedenzfall oder Nachfolge und im völligen Widerspruch zu allem, was wir über die Gesetze des menschlichen Geistes wissen, dort nicht vier, sondern einen Charakter erfunden haben ist eine andere Sache, die berücksichtigt werden muss, und sie allein ist schlüssig: Sie mussten einen anderen Jesus als den Jesus der Evangelien erfunden haben.

Es ist unmöglich, dass diese Männer unter den Einflüssen standen, die ihre Zeit nicht nur prägten, sondern sie zu dem machten, was sie waren. Die Evangelien selbst zeigen, dass diese Männer nicht nur in ihren Gedanken und Gesinnungen durch und durch Hebräer waren, sondern auch Hebräer dieser Zeit. Kein Schriftsteller kann der intellektuellen und moralischen Atmosphäre seiner Zeit ebenso wenig entkommen wie der Vererbung, die ihm im Blut liegt. Diese Einflüsse werden sich in jedem Werk der Fantasie so deutlich zeigen, wie Kinder ihren Vorfahren ähneln.

Nun ist Jesus, obwohl er Jude ist, nicht wie seine Zeit oder sein Volk. Er ist nur dem Blut nach ein Jude; er ist weder gedanklich noch charakterlich ein Jude.

Der Jude jener Zeit war in seinen Sympathien engstirnig, da er nichts darüber sagte, was vergangen war oder was diesem wundervollen Volk widerfahren sollte; Jesus war so umfassend wie die Menschheit. Der Jude war exklusiv; Jesus hieß alle willkommen, die zu ihm kamen. Der Jude hatte wenig Toleranz gegenüber Meinungen, die nicht seine eigenen waren, und keine gegenüber Männern anderer Rassen; Kein Kosmopolitismus oder auch nur christliche Nächstenliebe hat jemals die göttliche Toleranz Jesu erreicht. Für die Mischlingsstämme Samarias empfand der Jude nur Verachtung; Jesus lässt einen Samariter uns universelle Brüderlichkeit lehren. Der Jude hatte das Gefühl, dass ihn der Kontakt mit anderen Nationen verunreinigte; In Jesus gibt es nicht den geringsten Anflug von Rassen- oder Kastenvorurteilen.

Die Hauptleidenschaft, die das jüdische Leben in den Tagen Jesu beherrschte, war ein wilder Patriotismus, der sein Feuer in bitterem und unsterblichem Hass auf Rom entbrannte; Während Jesus sein Volk liebte und über das drohende Unglück weinte, sagte er: „Liebt eure Feinde." Wenn diese Autoren beim Schreiben der Evangelien eine Figur erfinden würden, wäre ihr Held mit seiner Zeit und seinem Volk sympathisch gewesen. Ein solcher Christus hätte die Löwenflagge Judas entfaltet, und jedes Schwert wäre aus seiner Scheide gesprungen, von den Bergen des Libanon bis zu den Grenzen Edoms. Aber Jesus zollte Cäsar Tribut und befahl seinen Jüngern, dies zu tun.

Von Jesus können wir durchaus sagen, was er von sich selbst sagte: Er ist „der Menschensohn". Er gehört allen; Er ist ein universeller Charakter und der einzige in der Geschichte. Er ist der Bruder jedes Menschen; er liebt einen wie den anderen und jeden vollkommen. Er bedeutet uns heute genauso viel wie den Freunden in Bethanien, die er liebte, oder wie er es dem „geliebten Jünger" bedeutete, der sich beim Letzten Abendmahl an seine Brust lehnte.

Die notwendige Schlussfolgerung ist, dass eine solche Figur nicht von einem dramatischen Genie geschaffen werden konnte, schon gar nicht von den vier Schriftstellern jener Zeit, die uns die Evangelien schenkten. Der Jesus der Evangelien muss gelebt haben, um gezeugt oder beschrieben zu werden.

Diese Schlussfolgerung stimmt mit der Methode überein, die diese Autoren anwenden, um uns diesen Charakter vorzustellen. Es ist die Methode der vollkommenen Einfachheit. Nirgendwo versuchen sie uns zu sagen, was er war oder wie er war. Es gibt keine Vergleiche, keine Qualitätsanalysen, keine Charakterskizzen; Es gibt nicht die geringste Anstrengung, ein Porträt von ihm zu zeichnen. Sie schreiben einfach auf, was sie ihn tun sahen und was sie ihn sagen hörten; und sie machen deutlich, dass sie weder seine Taten noch seine Worte verstanden haben und dass sie ihn am allerwenigsten verstanden haben.

Das höchste Genie hätte das nicht erfinden können Charakter Jesu. Einfache Menschen wie Matthäus, Markus, Lukas und Johannes konnten über ein gelebtes Leben schreiben; sie konnten die Worte aufschreiben, die sie ihn sprechen hörten; Sie konnten die Geschichte der guten Werke aufzeichnen, die sie bei ihm gesehen hatten, und uns so Jesus näher bringen, „wer und was für ein Mensch er war".

KAPITEL V.
JESUS UND MYTHEN.

EINIGE Gelehrte haben auf der Suche nach einer Möglichkeit, den Jesus des Neuen Testaments zu erklären, ohne die Realität seiner Existenz zu akzeptieren, versucht, eine Vorstellung wie diese aufzustellen: Es ist wahr, dass die Evangelisten diese Figur nicht erfunden haben, Jesus jedoch nie wirklich gelebt; er ist nur der Mythos der hebräischen Geschichte.

Wir sollen an Jesus denken, sie erzählen uns, wie wir es an den griechischen Theseus, an die ägyptische Isis und Osiris, an Thor und Odin der skandinavischen Legenden, an den Hindustanee Vishnu oder an Buddha und an Dutzende andere tun Mythen, die zur Poesie, Traditionen, Aberglauben und Religionen anderer Nationen gehören. Für diesen Gedanken wurde viel wissenschaftliche Forschung aufgewendet. All dies mag jemandem eher absurd als ernst erscheinen, dessen Bildung Jesus von Nazareth in seinen Gedanken real werden ließ. Es kann tatsächlich so sein; Aber wir müssen auch denen gegenüber fair sein, die unserer Meinung nach absurde Ansichten vertreten. Ich kann nicht bezweifeln, dass es einige fähige und aufrichtige Köpfe gibt akzeptierte eine Theorie über Jesus, die ihn nur zu einem hebräischen Mythos macht.

Betrachten wir diese Theorie mit gesundem Menschenverstand, ohne diese Seiten mit ermüdenden und verwirrenden Zitaten zu belasten. Es gibt einige Dinge, die für diejenigen, die in den Schriften und Legenden, auf die Bezug genommen wird, ungebildet sind, klar genug sein mögen – einige Dinge, die der Gelehrte nicht leugnen kann. Mythen sind Gewächse, und was auch immer wächst – sei es ein Baum, ein Mensch, ein Gedanke oder eine Legende – unterliegt bestimmten Gesetzen, die nicht verletzt werden können. Möglicherweise gibt es Gesetze, nach denen sich Mythen entwickeln, die mir unbekannt sind. Aber einige dieser Gesetze sind unverkennbar. Ich erwähne sie, und Sie werden selbst sehen, dass keiner von ihnen in der Geschichte von Jesus erwähnt wird. Die Geschichte, die wir bei den Evangelisten finden, verstößt gegen sie alle. Wenn die Vorstellungen anderer Nationen, die man Mythen nennt, Mythen sind , dann kann Jesus nicht dazu gezählt werden.

1. Mythen entstehen und sind als Vorstellungen abgeschlossen, bevor die Geschichte geschrieben wird. In allen Nationen erzählen die frühesten Historiker mythologische Geschichten, die älter sind als alle Briefe und Aufzeichnungen. In einigen Ländern wurde eine fragmentarische Geschichte zu einer Art Aufzeichnung, bevor es eine echte geschriebene Sprache gab. Unhöfliche Bilder, die in Stein eingraviert oder gemalt sind, und sogenannte Keilschriftzeichen, wie sie auf Steinen zu finden sind die Ziegel oder

Tonzylinder in den Ruinen von Ninive und Babylon und solche Hieroglyphen, die man auf antiken Gräbern in Ägypten, Mexiko und anderen Ländern findet – sie erzählen uns von nationalen Mythen, die zu einer Zeit gehörten, die lange vor diesen groben Versuchen lag Schriften entstanden. Der Grundsatz – er ist als Gesetz unveränderlich – gilt in jeder Nation, die einen Mythos oder eine geschriebene Geschichte irgendeiner Art hat.

Doch der Jesus der Evangelisten erschien und die Geschichte seines Lebens wurde niedergeschrieben, lange nachdem die ereignisreichste und wichtigste Geschichte der hebräischen Rasse aufgezeichnet worden war.

2. Alle Mythen haben etwas Groteskes, wenn nicht Ungeheuerliches. Es sind Übertreibungen von Menschen oder Tieren. Manchmal handelt es sich um Naturkräfte, die in einer fantastischen Form inkarniert werden. Wenn die mythischen Charaktere in menschlicher Gestalt gigantisch, seltsam und an der Grenze zum Unnatürlichen und Unmöglichen sind. Aber Jesus erscheint einfach als Mann; er hat keine persönliche Besonderheit, die ihn von seinen Nachbarn und Gefährten unterscheidet. Kein Wort in der Geschichte deutet auf etwas Ungewöhnliches oder auch nur Einzigartiges hin. Es gibt kein Wort, das uns etwas über sein persönliches Aussehen verrät; Es gibt keinen Hinweis auf etwas Unmenschliches oder Außermenschliches in seiner Form oder Art, wie er unter den Menschen erschien. Der Heiligenschein um seinen Kopf, den Sie auf den Bildern sehen, ist eine hübsche Einbildung der Maler; In der Geschichte der Evangelisten gibt es keinen Hinweis darauf oder etwas Ähnliches. Es gibt kein einziges Wort über seinen Teint, seine Statur, die Farbe seiner Haare oder Augen oder den Tonfall seiner Stimme. Er ist nur ein Mann unter Männern – einer, der möglicherweise unbemerkt durch die Straßen Jerusalems schlenderte.

Lesen Sie, was Ihnen die alten Bücher über griechische, römische, ägyptische und andere Mythen erzählen. Wie seltsam sie sind, wie anders als Männer! Jesus erscheint als Mensch, und die Evangelisten finden kein einziges Wort, das darauf hindeutet, dass sein Aussehen in irgendeiner Hinsicht eigenartig war.

3. Mythen spiegeln ihre Zeit, ihren Ort und ihre Rasse wider. Diese Aussage gilt ohne Ausnahme. Theseus stammt aus dem antiken Griechenland und ist in jeder Hinsicht griechisch. Odin und Thor kommen aus den dunklen deutschen Wäldern zu uns und sind in ihren Tugenden und Lastern nur Übertreibungen der mächtigen Barbaren, die in ihnen lebten. Isis und Osiris sind Ägypten so ähnlich wie die Wüste, der Nil und seine geheimnisvollen Quellen. Bel- Merodach ist Chaldäa so ähnlich, wie es das Tal des Euphrat und seine verlorene Zivilisation nur sein könnten. Vishnu ist ebenso Hindustanee wie der Ganges und seine schrecklichen Dschungel und die wilden Bestien, die den Menschen Angst einjagten. Und so von ihnen

alle, von den höchsten und edelsten Vorstellungen von Gottähnlichkeit Männer, die jemals die griechische Fantasie mit großen Idealen beflügelten, bis hin zu den gemeinsten und teuflischsten, die jemals den Aberglauben afrikanischer oder australischer Buschmänner mit Schrecken erfüllten. Aber bei Jesus gibt es keine Spur von Anklängen an irgendeine Szene oder Periode in der hebräischen Geschichte, von Abraham in Ur in Chaldäa bis zu den Tagen des Cäsar Augustus.

4. In allen Nationen entziehen sich Mythen der Chronologie; sie sind ohne Datum. In der Vorstellung ihres Volkes scheinen sie nicht nur seit den Anfängen des nationalen Lebens existiert zu haben, sondern schon davor gewesen zu sein. Denken Sie an einen von ihnen – diejenigen, die aus alten Nationen zu uns gekommen sind, sowie diejenigen, die noch immer ihren Platz in der Folklore barbarischer Völker einnehmen. Sie sind alle ohne Datum. Wir lesen nicht, dass Isis und Osiris in den Tagen von Ramses II. in der Hauptstadt Ägyptens erschienen; Die ägyptischen Götter sind älter als alle ihre Dynastien und lebten, bevor die Menschen Genealogie führten. Und so von allen Göttern der Mythologie; Sie haben keine Zeitgenossen, die einer Geschichte bekannt sind. Mythen gehen der Erfindung des Kalenders voraus; Wenn überhaupt Zeit gezählt wurde, waren die Jahre ohne Datum. Wie völlig anders ist die Geschichte von Jesus, von der uns einige Männer sagen, sie sei nur ein hebräischer Mythos!

Über Jesus und die Zeit seines Erscheinens steht geschrieben:

Cäsar Augustus erging , dass die ganze Welt besteuert werden sollte. Und diese Besteuerung wurde erstmals erhoben, als Cyrenius Gouverneur von Syrien war." Augustus war Kaiser; Cyrenius war Statthalter in Syrien; Herodes war König in Judäa.

5. Mythen trotzen der Topographie ebenso wie der Chronologie; Sie sind nicht nur ohne Datum, sondern auch ohne bestimmte Orte. Sie erschienen nicht nur irgendwo, wo das zeitlich nicht feststellbar war, sondern an Orten, die nicht als Ort gefunden werden konnten. Ihr Ursprung ist rätselhaft. Einige der Zeitgenossen Jesu brachten gegen ihn vor: „Was diesen Mann betrifft, wissen wir, woher er kommt."

In der Geschichte Jesu werden uns Orte mit solcher Genauigkeit beschrieben, dass die Aussagen der Evangelisten bis heute die besten Führer für Gelehrte sind, die auf Entdeckungsreise gehen, um Relikte und Fragmente der verlorenen Geschichte in Palästina zu finden. Sie erzählen uns nicht, dass Jesus irgendwo in ihrem Land erschien, etwa in Galiläa, Samaria oder Judäa. Sie erzählen uns von Nazareth, Bethlehem, Bethsaida, Kapernaum, Bethphage , Bethanien und dem Ölberg. Sie erzählen uns von dem „schönen Tor des Tempels", auf das er und seine Jünger blickten, und von „Jakobs Brunnen" „in der Nähe des Grundstücks, das Jakob seinem

Sohn Joseph gab" – genau an der Stelle, wo Jesus setzte sich zur Ruhe, während seine Jünger nach Sychar gingen, um beim Bäcker Brot zu kaufen – dem Brunnen, aus dem eine Samariterin Wasser schöpfte und ihm zu trinken gab.

6. Mythen werden nicht auf einmal vervollständigt. Für ihre Entwicklung benötigen sie lange Zeit – Ewigkeiten. Aber die Vorstellung vom Charakter Jesu dringt mit seiner Manifestation in das Denken der Menschen ein und bleibt durch die folgenden Jahrhunderte bestehen, da sie erstmals der Welt präsentiert wurde.

Es gibt absolut nichts Vergleichbares in der gesamten hebräischen Geschichte, die vor ihm ging, und es gibt auch nichts Vergleichbares in der Geschichte, die nach ihm kommt. Und die Vorstellung von Jesus, die in den kurzen Berichten der Evangelisten vermittelt wird, ist so abgeschlossen, so vollständig, dass die späteren Versuche, sie in den Geschichten der sogenannten apokryphen Evangelien zu ergänzen, völlig fehlgeschlagen sind. Keine wunderbaren Geschichten, die von einer Generation zur nächsten weitergegeben wurden, haben dem Jesus der Evangelisten auch nur im Geringsten etwas hinzugefügt oder etwas von ihm genommen. Was Jesus bedeutete, als die Evangelien geschrieben wurden, hat er in den Jahrhunderten getan, die ihm folgten. Was er damals war, ist er heute.

7. Alle Mythen gehören der Kindheit an, niemals dem Zeitalter einer Nation. Sie entspringen dem Morgennebel; Sie erscheinen nie im Tageslicht. Wenn Da die Geschichte von Jesus in Chaldäa, vor der Berufung Abrahams, angesiedelt war, dürfte sie ebenfalls in die Anfänge einer Rasse gehört haben. Um mit den Gesetzen in Einklang zu stehen, die die Entwicklung von Mythen regeln, hätte die Geschichte Jesu die ersten Kapitel der hebräischen Geschichte vorwegnehmen sollen; Es hätte in jene unsichere Zeit fallen sollen, die die Zerstreuung aus Armenien, der zweiten Wiege der Menschheit, einschließt.

Aber die Geschichte von Jesus wird der Welt frisch und vollständig präsentiert, ohne einen einzigen Hinweis darauf in der gesamten Geschichte davor, in den letzten Jahren, den letzten Tagen des hebräischen Nationallebens in Judäa.

Die Geschichte geht kurz vor der Zerstörung Jerusalems durch Vespasian und seine römischen Legionen zurück; als Jesus geboren wurde, war Augustus Kaiser; Als Jesus seinen Dienst antrat, befand sich Tiberius Cäsar im fünfzehnten Jahr seiner Herrschaft; sein Stellvertreter Pontius Pilatus regierte Judäa als Untertanenprovinz und seine Soldaten sorgten für den Frieden in der heiligen Stadt.

Bedenken Sie, wie unmöglich es ist, dass Mythen nach der geschriebenen Geschichte entstehen, im Sonnenlicht des Lebens einer ausgewachsenen Nation. Sogar die schönen Geschichten von König Artus und seinen Rittern der Tafelrunde gehören zu jener fernen Zeit in England, als es keine schriftliche Geschichte gab, die diesen Namen wert war Briefe waren fast unbekannt, als alles jung und frisch und unwissend war und die Feen noch in den Wäldern herrschten.

Stellen Sie sich einen Mythos vor, der heute in London im Schatten von St. Paul's und Parliament House entsteht. Denken Sie an die Welt unserer Zeit, die vom „chinesischen Gordon" spricht, wenn es keinen „chinesischen Gordon" gegeben hätte. Wenn die Leute, die Briefe haben und Geschichten schreiben und mit der Evangeliumsgeschichte „die Welt auf den Kopf stellen", die armen Wilden des Kongo-Tals sich selbst überlassen würden, werden Livingstone und Stanley Tausende von Jahren in unserer Zeit in Afrika leben Traditionen als gottähnliche Männer; und so werden neue Mythen entstehen, wachsen und sich in den Legenden dieser Länder festsetzen, in denen sie viele wunderbare Werke vollbracht haben – aber London und New York werden keine Mythen über Livingstone und Stanley hervorbringen.

KAPITEL VI.
JESUS UND DIE HEBRÄISCHE MENSCHLICHE NATUR.

ES gibt Autoren, die klar erkennen, dass die vier Evangelisten den Charakter Jesu nicht erfunden haben können, und die wissen, dass die Geschichte seiner Erscheinung gegen jedes bekannte Gesetz verstößt, das die Entstehung und das Wachstum von Mythen regelt; aber sie sagen uns, dass Jesus dennoch nur ein Mann war. Man sagt, er habe in den Tagen von Augustus, Tiberius, Herodes und Pilatus tatsächlich in Palästina gelebt und sei schließlich nur ein Mensch gewesen – ein Mann mit sehr großen Gaben und Tugenden, der beste Mann und der größte Lehrer, der je gelebt habe . Das bedeutet, dass die menschliche Natur in der Lage war, Jesus hervorzubringen; es bedeutet, dass die hebräische menschliche Natur in diesem Land und in diesem Zeitalter in der Lage war, Jesus, seine Lehren und sein Leben hervorzubringen. Mit anderen Worten, er war ein höchst außergewöhnliches, aber dennoch natürliches Produkt seiner Rasse, seines Landes und seiner Zeit; das normale Produkt, wenn auch die vollendete Blüte, des jüdischen Lebens.

Wenn man bedenkt, dass die Evangelisten ihnen Fähigkeiten aller Art für die Erfindung eines so vollkommenen Charakters und eines solchen Charakters verliehen haben müssen Obwohl wir einen anderen Charakter hatten, wurden nebenbei einige der Schwierigkeiten der natürlichen Entwicklungstheorie in den Blick gerückt. Aber es gibt noch andere Dinge, die im Zusammenhang mit dieser Methode der Darstellung von Jesus angemessen berücksichtigt werden müssen.

Jesus gab uns in einem der einfachsten – und doch ist es eines der tiefgreifendsten und umfassendsten – philosophischen Prinzipien den Keim unserer induktiven Philosophie und unserer modernen wissenschaftlichen Methode. Als er sagte: „An ihren Früchten sollt ihr sie erkennen", lehrte er uns, dass wir unsere Theorien an gesicherte Tatsachen anpassen müssen, anstatt sie durch unsere vorgefassten Theorien zu erklären. Anhand der Frucht sollen wir erkennen, welche Qualität der Baum hat.

Welche Früchte wuchsen an diesem langlebigen hebräischen Baum? Sie können selbst nach der Antwort suchen; Die ganze hebräische Geschichte wird es Ihnen sagen.

Beginnen Sie mit der Geschichte Abrahams in Genesis und verfolgen Sie den Faden der hebräischen Geschichte durch die Jahrhunderte bis zu den Zeiten von Cäsar Augustus und Jesus, wenn Sie so wollen, bis in unsere Zeit. Wir finden in dieser Geschichte Patriarchen, Gesetzgeber, Priester, Richter,

Soldaten, Könige, Staatsmänner, Dichter, Reformatoren und Propheten. Wir haben Abraham und die anderen Patriarchen; Moses, Aaron und seine Nachfolger; Joshua und seine Landsleute; Samuel, letzter und bester von a lange Reihe von Richtern; Saul, David – Dichter sowie Soldat und König; Salomo, Genie und Philosoph, Weiser und Verschwendungssüchtiger; Jesaja und die anderen Propheten; Nehemia und andere Reformatoren; Daniel, der Staatsmann, im Dienste eines fremden Fürsten, des Eroberers seines Volkes. In späteren Zeiten haben wir Judas Makkabäus , den heldenhaften Verteidiger seines Landes, und die anderen mächtigen Männer , die ihr Leben in einem aussichtslosen Kampf für die Freiheit ihrer Nation gaben. Noch später lesen wir von Männern wie Annas und Kaiphas, den bösen Hohepriestern einer bösen Zeit. Wir haben Gamaliel, einen Gelehrten im Gesetz, und seinen Schüler, Saulus von Tarsus. (Ohne Jesus hätte es keinen Paulus gegeben.) Wir sehen die Männer als „Jünger" Jesu. Später tauchten ein Mann wie Josephus und die tapferen Männer auf, die gegen die Römer kämpften und für Jerusalem starben . Betrachten Sie sie alle, die Starken und die Schwachen, die Guten und die Bösen, wie sie auf diesem hebräischen Baum wuchsen. Diese Männer zeigen sowohl das Beste als auch das Schlimmste, was sie bewirken können. Wir müssen diesen Baum nach seinen Früchten beurteilen.

Können wir Jesus zu ihnen zählen und ihn als einen von ihnen betrachten – als den Besten von ihnen? Könnte ein Baum, der diese anderen hervorbringt, ihn hervorbringen? Die Frage zu stellen bedeutet, sie zu beantworten.

Ich weiß, was einige Autoren zu sagen haben, wenn sie davon sprechen, unter denen, die es tun, Vorbilder von Jesus zu finden lebte vor ihm; was sie über Moses, Josua und andere sagen. Einige von ihnen waren wirklich großartige und gute Männer – sie gehörten zum Besten, was die Menschheit vorweisen kann. Aber wir können Jesus nicht zu ihnen zählen; sie nähern sich ihm nicht und sind nicht wie er. Er steht allein und abseits. Er steht nicht nur über ihnen, er ist auch anders als sie. Die Frage ist nicht nur, ob der hebräische Baum, gemessen an all seinen anderen Früchten, in der Lage war, diesen einen perfekten Charakter auf der ganzen Welt hervorzubringen, sondern auch, ob er diese Art von Charakter hätte hervorbringen können? Sicherlich war das weder vor noch nach ihm der Fall. Suchen Sie in der Geschichte nach einem Schatten eines Beweises dafür, dass diese Rasse – zu allen Zeiten und in allen Ländern wunderbar und einzigartig – von Abraham bis Disraeli über irgendwelche Kräfte verfügte, die als normale Entwicklung Jesus von Nazareth hervorbringen könnten.

Wenn Sie möchten, können Sie Ihren Anfragen eine größere Bandbreite geben. Vergessen Sie, dass Jesus von Blut, Geburt und Ausbildung her ein Jude war. Probieren Sie die gesamte Geschichte aus. Durchsuchen Sie die

Aufzeichnungen anderer Nationen. Erzählen Sie mir von den Weisen und Reformatoren – den großen und guten Männern anderer Völker und Länder; von Zoroaster, Konfuzius, Sokrates, Buddha und den anderen; von Moses oder einem anderen Juden, den Sie zusammen mit ihnen nennen könnten. Ist Jesus nur einer von ihnen? Die besten vielleicht – aber nur eine davon? Lesen Sie alles, was Sie können wie ihre besten Freunde ihre Geschichten erzählen, und man würde zurückschrecken, wenn irgendein Zyklopädie-Ersteller davon reden würde, nur den Namen Jesu hinzuzufügen.

Es ist nicht einfach so, dass du deine Mutter zu Jesus beten gehört hast; es ist nicht einfach die Eingebung Ihres „Wiegenglaubens". Der Grund liegt tiefer; Wenn Sie heute zum ersten Mal von den großen und heiligen Männern anderer Nationen und von Jesus lesen würden, müssen Sie an ihn denken, ohne darauf zu warten, warum er an einem Ort für sich allein wie ein großer Stern allein scheint. Kein Licht ist so herrlich, aber das Auge erkennt das Sonnenlicht als das, was es ist.

Aber es geht, wie Sie wissen, nicht darum, was die Menschheit in einem bestimmten Zeitalter tun könnte; Was konnte die hebräische Rasse im Zeitalter von Cäsar Augustus tun? Denn Jesus war hebräischer Abstammung und in diesem Alter.

Aber vergessen Sie für den Moment diese Einschränkung unserer Untersuchung und fragen Sie: Was könnte dieses Zeitalter tun? Es ist, als würde man fragen: Was könnte die römische Rasse und Zivilisation tun? Denn die Herrlichkeit Ägyptens und Babylons war längst vergangen, und die großen Griechen befanden sich vor der Zeit Jesu. Das römische Leben beherrschte damals die Welt, und das römische Leben tat sein Möglichstes, um Julius Cäsar hervorzubringen . Aber es gab im römischen Leben, in der Tradition, im Denken, im Gefühl keine einzige Qualität oder keinen einzigen Einfluss, der irgendeinen Bezug dazu haben könnte Herstellung eines solchen Charakters, den uns die Evangelisten gegeben haben.

Aber zum Schluss müssen wir einfach die Frage stellen: Was konnte die hebräische Rasse in diesem Zeitalter tun?

Nur jüdische Einflüsse drangen in das Leben Jesu ein. In keinem einzigen Gedanken oder Wort von ihm findet sich auch nur ein Echo von irgendetwas, das für andere Völker charakteristisch ist. In seinen Gedanken gibt es keinen Unterton, der von den griechischen oder römischen Meistern stammt. Er hatte nichts von anderen Lehrern oder Denkern. Er war nur ein Jude, der nie aus Palästina kam, und stammte aus einer Bauernfamilie in Galiläa. Der Galiläer war ein engstirniger, misstrauischer und rachsüchtiger Mann; provinziell bis zum letzten Grad; er hielt an alten Ideen fest und lehnte neue ab, ohne Rücksicht auf Argumente oder Beweise – der „Bourbon" seiner Zeit. Er war ein Mann mit bittereren Vorurteilen, als sie selbst die

Männer von Judäa auszeichneten. Aber auch Galiläa hatte seine besten und seine schlimmsten Zeiten, und Jesus wuchs in einer verrufenen Bergstadt auf. „Kann aus Nazareth etwas Gutes kommen?" war ein weit verbreitetes Sprichwort, das seine eigene Antwort enthielt und die Wertschätzung zeigte, die die besseren Leute des Landes der kleinen Stadt beimessen.

Jesus wurde in den größeren Schulen seines eigenen Volkes nicht unterrichtet. „Woher kennt dieser Mann die Buchstaben, da er es nie gelernt hat?" impliziert mehr als das Seine Zuhörer kannten seine Geschichte gut genug, um zu wissen, dass er nicht wie ihre Schriftgelehrten eine Schulausbildung hatte; es bedeutet, dass sie wussten, dass er nicht so sprach, wie ihre Gelehrten sprachen. Jesus redete nicht wie ein Buch; er wurde nicht in Büchern gelernt; seine Sprache deutet, soweit es die Bücher angeht, lediglich auf die Kenntnis der Heiligen Schrift hin; er konnte lesen, war aber kein Gelehrter.

Vergleichen Sie nun die Bedingungen, unter denen dieser junge Zimmermann aus Nazareth, der bis zu seinem dreißigsten Lebensjahr in seinem Beruf arbeitete und gute Arbeit leistete, zum Mann heranwuchs; Überlegen Sie, was seine Leute von ihrer besten Seite waren. Bedenken Sie, wie wenig von dem Besten im hebräischen Leben in seine galiläische Erziehung eingeflossen ist. Bedenken Sie die harten Bedingungen und die engen Grenzen seines Lebens und sagen Sie mir, ob Jesus eine normale Entwicklung seiner Rasse, seiner Zeit und seines Ortes ist?

Wir werden jetzt nicht über seine Lehren sprechen; Vergleichen Sie ihn mit seinen natürlichen Bedingungen. In der gesamten Menschheitsgeschichte gibt es nichts, was die Annahme erlaubt, dass ein einfacher Jude, der in Nazareth aufgewachsen ist, zu diesem makellosen, perfekten Charakter hätte werden können. Wenn es anders wäre, gibt es nichts, absolut nichts, weder in der Vererbung noch in der Umwelt; dann kann jeder Boden beliebige Früchte hervorbringen. Erwarten Sie besser, dass die königlichen Bäume des Yosemite Valley neben dem verkümmerten Salbei von Arizona wachsen.

Betrachten Sie die Lehren Jesu und sagen Sie mir, kann diese Vollkommenheit der Wahrheit aus Nazareth kommen? Bedenken Sie, was er über Gott, die menschliche Seele, Sünde, Versöhnung, Erlösung und Unsterblichkeit lehrt. Bedenken Sie, wie er in seinem Leben die Brüderlichkeit der Menschheit lehrt und veranschaulicht. Betrachten Sie seine Ethik – seine Lehren über Recht und Unrecht. Was er über Recht und Unrecht lehrt, im Prinzip und in der Praxis, ist so absolut umfassend und vollkommen, dass gute Männer – die besten Männer der Welt heute, so lange nach seiner Zeit – sich nicht einmal eine einzige Tugend vorstellen können, die er getan hat nicht lehren oder von einem einzigen Übel, das er nicht verurteilte. Nein, die Weisesten und Besten versuchen immer, den Menschen die Wahrheit zu lehren, die Jesus lehrte; und sein Standard ist so hoch, dass kein vernünftiger und ehrlicher Mann jemals behauptet hat, ihn erreicht zu haben.

Ein Schriftsteller hat es gewagt, um einen Punkt auf dieser Sonne zu finden, zu sagen: „Jesus hat keinen Patriotismus gelehrt!" Sein ganzes Leben war seinem Volk gewidmet; seine Lehren nähren und bewahren den Patriotismus. Er lehrte nicht das, was ein einfacher Anhänger eines Clans oder Stammes Patriotismus nennt; dann wäre er nur ein galiläischer Eiferer gewesen. Er lehrt den einzigen Patriotismus, den ein guter Mann respektieren kann – eine Liebe zum Land, die an Gerechtigkeit und die goldene Regel glaubt, die ihr eigenes Land und das anderer liebt. Wenn Jesus nur ein Mann wäre – ein galiläischer Jude, dann müssen wir es tun Denken Sie daran – er widerspricht in seinem makellosen Allround-Charakter und seiner perfekten Lehre den Bedingungen seines Lebens. Diese Perfektion des Charakters und der Lehre einerseits und dieser galiläische Jude und der nazarenische Zimmermann andererseits stimmen nicht nur nicht überein, sie können auch nicht zusammen existieren. Durch sein Leben erkennen wir, wie unvollkommen alle anderen sind; Anhand seiner Lehren prüfen wir die Richtigkeit und Unrecht aller anderen Lehren.

Es gibt absolut nichts in seiner Rasse oder seinem Alter, das Jesus erklärt. Dass er ein normales Produkt seiner Rasse und seines Alters war, widerspricht jedem uns bekannten Lebensgesetz. Wenn dem nicht so ist, ist die ganze Geschichte umsonst und es gibt weder Gesetz noch Vernunft in der Natur der Dinge.

Kapitel VII.
Seine Denkweise unterscheidet ihn von Männern.

BEIM Studium der Geschichte der Evangelisten, Jesus näher zu kommen. Wir brauchen keine Angst zu haben; er möchte, dass wir alles über ihn herausfinden, was wir können; Er möchte uns wissen lassen, was für ein Mann er ist. Wenn wir Schönheit, Güte und Wahrheit lieben, werden wir uns ihm mit Ehrfurcht nähern. Kein guter Mann, kein Mann, den man respektieren oder dem man vertrauen kann, wird mit leichtfertigen Worten über Jesus sprechen. Aber wir können ohne zu zögern zu ihm gehen; Wer kleine Kinder in seine Arme nimmt und sie segnet und küsst, wird den bescheidensten Schüler nicht mit Kälte empfangen. Tatsächlich ist er umso willkommener, je mehr man ihn braucht. Er war es, der zu den „Müden und Schwerbeladenen" sagte: „Kommt zu mir."

Betrachten wir nun, so gut es geht, die Art und Weise, wie wir seine Denkweise nennen müssen. Es unterscheidet ihn völlig von allen bloß menschlichen Lehrern. Wir können viele Illustrationen finden.

Erstens strebt Jesus nicht das gleiche Ziel an wie die großen Denker, die das gegeben haben Die Welt, ihre Philosophie und ihre Wissenschaft streben immer nach der Schaffung eines intellektuellen Systems des und für das Universum. Humboldt, ein sehr gelehrter und begabter Mann, schenkt uns ein großartiges Werk, das er „ *Kosmos* " nennt. Es erzählt alles, was er über das Universum wusste oder zu wissen glaubte, und erklärt es so gut er konnte. Er ist einer unter vielen; Alle Philosophen versuchen, die Dinge zu erklären, und je größer sie sind, desto mehr versuchen sie es.

Im menschlichen Geist gibt es eine unwiderstehliche Tendenz, geheime Dinge zu erforschen und daraus eine Philosophie zu entwickeln. Aristoteles gab uns seine *Kategorien* ; Die Modernen versuchen sich in der gleichen Richtung. Es bedeutet nur Folgendes: Menschen, die Philosophen und Denker sind, versuchen, alle Tatsachen zu klassifizieren und ein vollständiges, allumfassendes, alles erklärendes Gesetz für sie herauszufinden und auszudrücken – „ formulieren" ist das Wort.

Der witzige Dr. Oliver Wendell Holmes liefert uns in seinem Buch „ *Poet at the Breakfast-Table* " eine hübsche Satire auf diese unbesiegbare Veranlagung und die stets enttäuschten und enttäuschenden Bemühungen von Denkern. Sein „Philosoph" war immer gerade dabei, seine große Entdeckung zum Ausdruck zu bringen – gerade dabei, das allumfassende Gesetz, die perfekte Formel zu formulieren, die nichts ausließ und alles erklärte.

Es ist im Wesentlichen eine Männerart; in allen Abteilungen Wir sehen die Tendenz und Anstrengung der Menschen, das Universum zu erklären.

Der Chemiker spricht von „Atomen", weil er den Dingen auf den Grund gehen möchte – um die letzte Tatsache zu erfahren, über die die Analyse nicht hinausgehen kann. Der Ontologe spricht aus einem ähnlichen Grund von „Keimen"; Er strebt immer danach, etwas zu finden – eine Substanz oder eine Kraft –, die ihm nicht nur einen, sondern jeden Lebensprozess erklären kann. Und die Größeren versuchen immer, den Ursprung aller Dinge zu erklären – zu zeigen, wie das Universum entstand oder in Gang kam.

Der Philosoph, der den Geist studiert, strebt das gleiche Ziel an – den Aufbau einer Geisteswissenschaft, die jede Tatsache umfasst und jedes Geheimnis des geistigen Handelns erklärt. Der Theologe ist in derselben Strömung; er will eine Religionsphilosophie. Er versucht, Gott zu erklären, und in nicht wenigen Fällen scheint er sich ernsthafter darum zu bemühen, zu zeigen, wie Gott einen Sünder im Einklang mit seiner eigenen Natur und Regierung retten kann, als dem Sünder zu zeigen, wie er gerettet werden kann. Der Theologe arbeitet daran, den Ursprung des Bösen aufzuzeigen und seine Sichtweise zu einer Philosophie zu machen, die alle Unterschiede in Einklang bringt und alle Geheimnisse erklärt.

Die Stärke dieser Tendenz bei einfachen Menschen – und sie ist bei den Größten am stärksten –, eine Aussage zu finden Dass das alles erklären kann, zeigt sich in den absurden Schlussfolgerungen, die einige von ihnen, die in anderen Fragen völlig vernünftig sind, für sich selbst akzeptieren und anderen Geistern aufdrängen. Ein großer Chemiker kommt zu dem Schluss, dass das Universum „einst in einer feurigen Wolke verborgen war", und scheint sich mit einer Form hübscher Worte zufrieden zu geben. Ein anderer Mysterienforscher erklärt das Leben in unserer Welt, indem er uns erzählt, dass „Keime" zuerst von irgendwo im Weltraum durch „einstürzende Meteoriten" eingeschleppt wurden, erweist dem, was er für Wissenschaft träumt, seine Verehrung und begnügt sich damit, sein Problem weiter von sich zu verdrängen. Die Vorstellung, für die das Wort „Protoplasma" stehen soll, stellt einen weiteren Versuch dar, alle Dinge zu erklären, wenn auch durch eine Theorie, die schwerer zu verstehen ist als das Universum, das sie umfassen und erklären würde. Es handelt sich lediglich um Exemplare; Sowohl die Antike als auch die Neuzeit sind reich an ihnen. Klüger vielleicht und genauso wissenschaftlich war die Verzweiflung dieses Forschers der Geheimnisse des Lebens und des Menschen, der zu dem Schluss kam, dass das „fehlende Glied" auf dem Grund des Indischen Ozeans liegen müsse; Denn kein Taucher kann beweisen, was sich nicht im Wasser befindet, das so tief ist wie dieses unergründliche Meer.

Was wir jetzt betrachten, ist eine unwiderstehliche Tendenz denkender Geister. Es ist nicht einer bestimmten Klasse von Menschen vorbehalten; es charakterisiert kein Zeitalter. Es liegt einfach in der Natur des Menschen, Fragen zu stellen und zu suchen Erklärungen. Betrachten Sie einige der jetzt genannten Namen und überzeugen Sie sich selbst: Je größer der Mensch, desto mehr versucht er, das Universum zu erklären – eine Formel zu finden, die groß genug ist, um es zu fassen, seine Fakten zu klassifizieren und seine Kräfte in Beziehung zu setzen. Denken Sie an diese Männer und die wenigen, deren Namen sie begleiten sollten – Sokrates, Platon, Aristoteles, Origenes, Augustinus, Pelagius, Athanasius, Calvin, Edwards, Leibnitz, Bacon, Humboldt, Kant, Cuvier und vielleicht einige neue Männer. Philosophen, Wissenschaftler, Theologen, darin sind sie alle gleich – sie bauen ein System, eine Philosophie des Universums auf.

Verwechseln Sie nicht meine Absicht mit diesen Illustrationen; die Disposition, die wir betrachtet haben, ist ein rein menschlicher Instinkt; es ist widerstandslos und die Bedingung geistiger Aktivität. Der Geist, der keine Fragen stellt, der nicht an die verschlossenen Türen des Wissens klopft, stagniert und wird zugrunde gehen. Fortschritt und Wachstum hängen von der Forschung ab. Weise Männer werden jedem ernsthaften Studenten Freude bereiten, egal ob er herausfinden möchte, was ein Atom ist oder was die Sterne enthalten. Es ist die Art und Weise eines Mannes, alle Dinge erklären zu wollen; Die Anstrengung bietet den Drill und die Disziplin, die dem Rennen Wachstum und Fortschritt ermöglichen.

Aber in dieser Hinsicht, wie auch in so vielen anderen, unterscheidet sich Jesus völlig von den Philosophen, Wissenschaftlern und Theologen. Er strebt nicht im geringsten nach dem Ende das bloße Männer suchen. Er lässt uns das Universum – Materie und Geist, Mensch und Gott – besser verstehen als alles zusammen. Aber er erklärt die Dinge nirgends. Er verliert kein Wort über den „Kosmos". Er stellt keine Fragen, wirft keine Fragen auf, bietet keine Erklärung zum Ursprung der Dinge. In ihm scheint es kein Bewusstsein für die Geheimnisse des Universums zu geben, weder hinsichtlich seines Ursprungs noch seiner Natur.

Aber man kann sagen, dass Jesus Moral und Religion lehrte, nicht Wissenschaft oder Philosophie, und dass er keine Gelegenheit hatte, ein System des Universums zu konstruieren. Mehr als anderswo bauen einfache Menschen in Moral und Religion Systeme auf, wenn sie denken, und erklären Dinge, wenn sie lehren. Aber Jesus, der Moral und Religion lehrte, war anders als alle anderen, bloße Menschen, die Moral und Religion lehrten. Er sagte kein Wort – er, der einzige Lehrer, der es zu verstehen schien – über den „Ursprung des Bösen", das Thema, das schon so manchen Theologen in den Wahnsinn getrieben hat; Er, der Einzige, der dazu in der Lage zu sein schien, hat uns keine „Theodizee" gegeben und schien auch nicht einmal darüber nachzudenken.

Er, der Anspruch auf vollkommene Kenntnis Gottes erhob, hat Gott nicht erklärt oder über Gott philosophiert; Jesus hat uns nicht einmal eine Philosophie über sich selbst, sein Leben oder seine Mission gegeben. Es war John, der Jünger, nicht Jesus, der Meister, der über den Logos schrieb. Jesus bietet keine Philosophie des Erlösungsplans; Er tut dies nicht, philosophize wenn es um den Glauben, das Gebet oder die Unsterblichkeit geht.

Was das Böse betrifft, so erklärt Jesus den Menschen, was das Böse ist, zeigt ihnen den Untergang, den es über sie bringt, und zeigt ihnen den Weg der Befreiung. Er spricht mit den Menschen über ihr Böses und den Weg, es zu beenden.

Jesus untersucht nie. Er zweifelt nie an seinem Wissen oder stellt auch nur einen Augenblick die Gründe dafür in Frage. Wir haben kein passendes Wort für seine Methode; Intuition ist vielleicht so gut wie jede andere. Sein Denken ist kein Prozess; es ist, als würde man die Wahrheit sehen, nicht lernen; Wir sehen nicht das Äußere der Dinge, wie Menschen es sehen, sondern ihr Inneres, wie Gott es sieht.

Jesus verwendet niemals jene Formen der Logik, die für alle anderen absolut notwendig sind. Wir sprechen von seiner „Denkweise"; vielleicht treffen solche Worte überhaupt nicht auf ihn zu. Wie hat er herausgefunden, was wahr ist? Er schien es überhaupt nicht herauszufinden; es schien in ihm zu sein. Er scheint nie die Wahrheit herauszufinden. Er findet nicht heraus, was er vorher nicht wusste, indem er von dem, was ist, zu dem, was sein muss, argumentiert.

In der Geometrie beginnen wir mit dem, was wir „Axiome" nennen, ein paar einfache Prinzipien, die keines Beweises bedürfen. Wir nennen sie „selbstverständlich", weil wir sehen, dass sie wahr sind, dass sie wahr sein müssen, sobald wir wissen, was die Worte bedeuten, die sie uns sagen. Auf diesen bauen wir unsere Geometrie und die gesamte Wissenschaft und Kunst auf, die darauf beruht oder daraus erwächst. Wenn wir eine Sache , die wir nicht wussten, durch etwas beweisen, das selbstverständlich ist und daher keines Beweises bedarf, fügen wir die beiden zusammen und beweisen eine dritte Sache und so weiter, soweit wir können. Jesus hätte das Dritte, das Hundertste und das Letzte so gekannt, wie er das Erste kannte – ohne diesen Aufbauprozess. Er würde alles wissen, was die Axiome enthalten, so wie wir die Axiome kennen.

Mangels passenderer Worte haben wir von seiner „Denkweise" gesprochen. Da diese Worte für den einfachen Menschen von Bedeutung sind, hatte Jesus offenbar keine Denkweise; er glaubte nicht, wie es bei den Menschen der Fall sein muss, zu wissen; er wusste Dinge. Vielleicht ist es zum Teil das, was er meinte, als er zu Pilatus sagte: „Ich bin die Wahrheit."

KAPITEL VIII.
„NIEMALS SPRICHT DER MANN WIE DIESER MANN."

WIR werden die Methode Jesu als Lehrer betrachten, und das Wort ist jetzt angebracht. Er hatte eine Methode, den Menschen die Wahrheiten beizubringen, die er wusste, ohne darüber nachzudenken, die Wahrheiten, die er nicht durch Nachforschungen entdeckte, die Wahrheiten, die er kannte, weil sie in ihm waren.

Erstens versucht Jesus nicht, seinen Zuhörern Dinge zu beweisen; er verkündet, was Wahrheit ist, wie Gott die Wahrheit verkündet. Er ist ein göttlicher Dogmatiker; Er liefert keinen Beweis für das, was er als Wahrheit darstellt.

Kein anderer Lehrer hat jemals so gelehrt wie Jesus. Was wir seine Logikform nennen können, ist in erster Linie die des Lehrers; aber kein Lehrer hat es jemals so angewendet wie der, der aus Nazareth kam. Er argumentiert vom schwächeren zum stärkeren Grund. Er hat nicht die Absicht, anderen die Wahrheit zu beweisen, so wie er auch nicht versucht, sie selbst zu entdecken, sondern sie zu lehren. Dies ist die Art der Argumentation, die wir in all seinen Gleichnissen und Illustrationen finden. Seine Argumente sollen seinen Lernenden helfen, zu verstehen, was er meinte und um es ihnen einzuprägen. Es scheint ihm nie darum zu gehen, den Menschen die Wahrheit dessen zu beweisen, was er gesagt hat, sondern nur darum, es deutlich zu machen und durchzusetzen. Es könnten viele Illustrationen gegeben werden; lass ein paar genügen.

Eines Tages lehrte Jesus seine Jünger die Lehre von Gottes Vorsehung. Er führt kein Argument an, um zu beweisen, dass es eine Vorsehung gibt; Er versucht sie nicht zu überzeugen, sondern ihnen lediglich zu helfen, in ihren eigenen Gedanken die allumfassende, unfehlbare und gnädige Vorsehung zu erkennen, die sie bewahrt hat. Und er tat dies nicht, um ihnen die Lehre der Vorsehung verständlich zu machen, sondern um ihnen zu helfen, darauf zu vertrauen. Er möchte ihnen die Wahrheit nahe bringen, die er nicht beweisen will. Wie geht er vor? Was ist seine Methode? Keine reine Männermethode. Es ist in der Tat eine absolut einfache Methode; aber kein anderer Lehrer, der es nicht von ihm gelernt hat, hat es so verwendet, um über solche Wahrheiten zu sprechen.

Er beginnt mit dem, was sie wussten: „Betrachten Sie die Lilien auf dem Feld, wie sie wachsen; sie arbeiten nicht und spinnen auch nicht; und doch sage ich euch, dass selbst Salomo in all seiner Herrlichkeit nicht wie einer von diesen gekleidet war." Sie kannten die Lilien – das heißt, sie waren es gewohnt, sie zu sehen, die kleinen Blumen, die so gewöhnlich, so unbedeutend und doch so schön waren. Jesus schlussfolgert: „Wenn Gott also das Gras des Feldes bekleidet, das heute ist und morgen darauf geworfen wird? Der Ofen, soll er euch nicht viel mehr kleiden, ihr Kleingläubigen?"

Ebenso argumentiert er mit Spatzen und Menschen. Er würde seine Jünger mit dem Mut inspirieren, der seine Wurzeln im Glauben an Gottes liebevolle und unfehlbare Vorsehung hat. Er sagt ihnen, dass der große Gott die armen kleinen Vögel nicht nur füttert, sondern sich auch um sie kümmert: „Verkauft man nicht zwei Spatzen für einen Heller? und keiner von ihnen wird ohne deinen Vater auf die Erde fallen. Aber die Haare auf deinem Kopf sind alle gezählt. Fürchtet euch also nicht, ihr seid wertvoller als viele Spatzen."

Er lehrte seine Jünger, wie töricht es ist, das Wesentliche zu vergessen, wenn man über Kleinigkeiten grübelt: „Und wer von euch kann durch Nachdenken [Sorgen] seine Größe auch nur um eine Elle steigern? Wenn ihr dann nicht in der Lage seid, das Geringste zu tun, warum denkt ihr dann an den Rest? ... Darum sage ich euch: Denkt nicht an euer Leben, was ihr essen sollt; auch nicht für den Körper, was ihr anziehen sollt. Das Leben ist mehr als Fleisch und der Körper ist mehr als Kleidung."

Er würde den Menschen zeigen, wie vollkommen einfach und geheimnislos das Gebet ist und wie absolut sicher es ist, dass Gott antworten wird. Haben wir nicht auf bloße Männer gehört – Prediger, die sie sich selbst nannten, und doch vielleicht das Beste taten, was sie konnten – und uns verwirrten? einfältige Menschen und kleine Kinder – vor allem sie selbst – mit langwierigen Diskussionen über die „subjektiven" und „objektiven" Ergebnisse ihrer Andachten! Sie nehmen an, dass sie Ungläubigen antworten würden!

Jesus argumentiert nicht über die Natur des Gebets; er hat kein Wort, um ihre Vernünftigkeit zu beweisen oder die Lehre mit dem Gesetz in Einklang zu bringen. Er sagt: „Bitte, und es wird dir gegeben werden; Suche und du wirst finden; Klopfe an, dann wird dir geöffnet. Denn jeder, der bittet, empfängt; und wer sucht, der findet; und wer anklopft, dem soll aufgetan werden."

Wie beweist er, was er behauptet? Er beweist es nicht; Er bringt es ihnen vor Augen: „Welcher Mensch ist unter euch, der seinem Sohn einen Stein geben würde, wenn er ihn um Brot bittet? Oder, wenn er einen Fisch bittet, wird er ihm dann eine Schlange geben?"

Jeder Zuhörer, ob Eltern oder Kind, antwortete aus tiefstem Herzen: „So einen Mann gibt es unter uns nicht." Jesus schlussfolgert: „Wenn ihr nun, da ihr böse seid, wisst, euren Kindern Gutes zu geben, wie viel mehr wird euer Vater im Himmel denen Gutes geben, die ihn darum bitten?"

Die kalten und grausamen Pharisäer, die mit der Religion spielten und ihre eigene Religion suchten, beklagten sich eines Tages darüber, dass Jesus am Sabbat einen armen, verstümmelten Mann heilte Tag. Jesus argumentierte nicht über die Natur des Sabbats. Er erinnerte sie daran, dass sie am Sabbattag ein Schaf aus dem Graben holen würden, und schließt mit einer Frage, die ihnen die Wahrheit deutlich machte: „Um wie viel ist dann ein Mensch besser als ein Schaf?"

Dieselben Leute, die über die Formen der Religion stritten und Gott und den Menschen vergaßen, beklagten sich darüber, dass Jesus mit „Zöllnern und Sündern" Umgang pflegte und freundlich zu ihnen war. Als Antwort erzählte er ihnen von dem Hirten, dem ein Schaf aus seiner Herde von hundert fehlte und er sich nicht mit den neunundneunzig zufrieden geben konnte, sondern in die Wildnis ging, um das verlorene zu suchen; Er erzählte ihnen, wie froh der Hirte war, als er es in seinen Armen liebevoll nach Hause gebracht hatte. Er erzählte ihnen auch von der Frau, die nicht ruhen konnte, bis sie mit Besen und Kerze ihr Haus nach dem verlorenen Geldstück durchsucht hatte. Er erzählte ihnen, dass ihre Nachbarn sich mit ihr freuten, als sie es gefunden hatte. Warum er sich um Zöllner und Sünder kümmerte, machte er deutlich, als er hinzufügte: „Ich sage euch, es herrscht Freude in der Gegenwart der Engel Gottes über einen einzigen Sünder, der Buße tut."

Jesus würde diese strengen Hüter dessen, was sie Kirche nannten, und Verächter ihrer Mitmenschen dazu bringen, die Vaterschaft Gottes zu erkennen. Er brachte kein Argument vor, wie es normale Männer vorbringen würden.

Er erzählt ihnen von den beiden Söhnen und wie froh der alte Vater war, als sein armer verlorener Sohn nach Hause kam. Die Schlussfolgerung, die kein menschliches Herz übersehen kann: Der unendliche Vater, unendlich besser als jeder irdische Vater, ist unendlich froh, wenn seine verlorenen Kinder zu ihm zurückkehren. Das Herz, das einmal diese Geschichte der beiden Söhne aufnimmt, kann nie wieder vor dieser schrecklich heidnischen Vorstellung von Gott zittern und sich ducken, die ihn nur zu einem unendlichen Schrecken macht, der auf dem Thron des Universums sitzt, vor dem man Angst haben muss, vor dem man fliehen muss für immer gehasst.

Jesus versuchte, die Verzagtsten und Niederträchtigsten zu ermutigen, sowohl auf die göttliche Gerechtigkeit als auch auf die Barmherzigkeit zu vertrauen. Es gibt kein hochtrabendes Argument bezüglich der Gerechtigkeit Gottes. Er erzählt von der Witwe und dem ungerechten Richter, der weder Gott fürchtete noch den Menschen respektierte, der Richter, der sich seiner Herzlosigkeit rühmte und sich dafür entschuldigte, dass er scheinbar eine gute Tat vollbrachte. Er erhört das Gebet der Witwe, weil er selbstsüchtig und gemein war; er würde nicht „ihrer Aufdringlichkeiten überdrüssig" werden. Jesus schlussfolgert: „Und soll Gott nicht seine eigenen Lieblinge rächen, die Tag und Nacht zu ihm schreien?"

Wie klar machte Jesus, was bloße menschliche Lehrer dunkel machen! Was sogar einige unserer Prediger Zeiten, die zu stolz auf ihre falsche Gelehrsamkeit sind, um in ihren Methoden und ihrer Sprache einfach zu sein, sind für hungrige Seelen, die um Brot bitten und Spreu bekommen, so ermüdend und so verwirrend!

Wir werden nicht verstehen, wie sehr sich die Methoden Jesu von den Methoden einfacher Menschen unterscheiden, bis wir uns mit dem, was sie Überlegungen nennen, überdrüssig gemacht haben; Bis wir verstanden haben, dass niemand Religion lehren kann, der die Methoden Jesu als das ablehnt, was er für die Methoden dessen hält, was er Logik und Philosophie nennt, und keines von beiden wirklich versteht.

Was wir seine Art nennen können, unterscheidet Jesus im Unterschied zu seiner Lehrmethode von einfachen Menschen. Kein großer Lehrer, es sei denn, es wäre jemand , der von ihm das wahre Geheimnis des Lehrens erfahren hat – und wie weit unter dem Lehrer die Besten und Weisesten stehen! – hat jemals zuvor oder nachher die Art und Weise Jesu gehabt.

Es gibt eine Art Fatalismus in der Lehre der Männer. Eitelkeit oder Unwissenheit lassen sie versuchen, tiefgründig zu erscheinen, obwohl sie nur im Dunkeln liegen. Was für eine unaussprechliche Erleichterung und ein Segen würde es für alle Kirchen und Schulen bringen, wenn Pastoren und Lehrer nur die Methode Jesu studieren und versuchen würden, die Einfachheit Jesu nachzuahmen! Nicht wenige Lehrer belasten und verwirren ihre Schüler mit dem toten Gerümpel des Lernens, das kein Wissen ist; Nicht wenige Prediger verwirren und führen ihre Zuhörer mit Überlegungen, Philosophien und Argumenten in die Irre, die größtenteils nur Wortgefechte sind und weder Evangelium noch Leben sind. Als Jesus über die tiefsten und höchsten Fragen sprach, über Gott und den Menschen, über Recht und Unrecht, über Leben und Tod, über Zeit und Ewigkeit, über Himmel und Hölle, heißt es: „Das einfache Volk hörte ihm gern zu." Das konnte man nicht einmal von dem guten Sokrates oder dem großen Platon sagen; denn das „gemeine Volk" konnte sie nicht verstehen.

Es kommt in der Tat selten vor, dass das „einfache Volk" einen Lehrer für Naturwissenschaften, Philosophie oder Religion „gerne" hört, den das ungewöhnliche Volk als großartig bezeichnet. In der Regel gilt: Je größer einer ist, je mehr Menschen Größe messen, desto weniger hört ihn das „gemeine Volk" „gerne" und am allerwenigsten, wenn er über die allergrößten Themen spricht oder schreibt. Liegt es daran, dass solche Lehrer selbst keine Brüder des einfachen Volkes sind? Ein Grund dafür ist, dass die großen Männer nicht wirklich verstehen, was sie lehren. Und hier liegt ein Grund zur Geduld.

Vielleicht tun die Großen größtenteils ihr Bestes. Es scheint, dass ein einfacher Mensch in Vergessenheit geraten muss, wenn er versucht, tiefgründig zu denken oder kraftvoll zu sprechen. Diese Dunkelheit kann nicht auf eine inhärente Schwierigkeit der Wahrheit selbst zurückzuführen sein. sondern zu jenen mentalen und spirituellen Einschränkungen, die nur menschlichen Lehrern gehören. Aber Jesus lehrte die größten Wahrheiten in einer Sprache, die so einfach und klar war, wie wenn er von den vertrautesten Pflichten des täglichen Lebens sprach. Seine Art ist ebenso locker und seine Worte so klar, wenn er von Unsterblichkeit spricht, wie wenn er den Menschen sagt, sie sollen ehrlich sein und „einander lieben".

Vergleichen Sie die Bergpredigt und die Schriften der größten und besten Männer, die über diese Themen gesprochen haben. Wie vollkommen einfach, transparent und leicht die Art und der Stil Jesu sind! Wie komplex, dunkel und schwierig das Verhalten und der Stil der Männer sind! Wie beschämt es normale Menschen zu sanftmütiger Einfachheit, wenn sie von Jesus, dem göttlichen Lehrer, lesen: „Das einfache Volk hörte ihm gern zu!"

Schließlich kann es sein, dass unsere Denkweise ebenso ungeeignet ist, das Evangelium zu verstehen, wie unsere Lehrmethode dazu ungeeignet ist, es zu erläutern. Es mag sein, dass wir uns weniger darum kümmern würden, was die Menschen über seine Worte geschrieben haben – wir versuchen zu oft, in seine Lehren dünne Philosophien hineinzuinterpretieren ; Wenn wir mehr über seine Worte grübeln würden und weniger über die Vorstellungen der Menschen über seine Worte, würden wir Jesus besser verstehen. Dann könnten wir auch die Menschen unterrichten. Dann würde uns das „einfache Volk" vielleicht „gerne" hören. Wenn wir seinen „Text" mehr und mehr predigen würden Bücher über seinen „Text" würden wir weniger predigen, mehr Wahrheit, die rettet, und weniger Philosophie, die verwirrt.

Wenn wir über die Methode und Art Jesu sprechen, gibt es noch einen weiteren, nicht leicht zu diskutierenden Punkt, der erwähnt werden sollte; Ich beziehe mich auf die Wirkung seiner Gedanken und Worte auf ihn selbst.

In ihm herrscht eine göttliche Ruhe, die man bei einfachen Menschen nie sieht; das ist ihnen unmöglich. Auch darin unterscheidet er sich von den Menschen.

Seine größten Diskurse sind ohne intellektuelle Hitze. Das ist für mich ganz wunderbar. Er erweist sich als der herzlichste Lehrer, der jemals versucht hat, Menschen aus der Dunkelheit ins Licht zu führen. Wir wissen, dass er nicht kaltherzig ist; wir wissen, wie tief sein Mitgefühl für die

Menschen ist; wie unendlich seine Sorge um sie war. Aber er liefert die gewaltigsten Wahrheiten mit der vollkommensten Gelassenheit und Ausgeglichenheit des Geistes. Wenn ein einfacher Mensch zum ersten Mal klar erkennen würde, was die Bergpredigt, das dritte Kapitel des Johannesevangeliums, das Gleichnis vom verlorenen Sohn und eine Reihe anderer Reden und Offenbarungen dieser Art wirklich bedeuten; Wenn ein einfacher Mensch sozusagen plötzlich auf solche Gedanken, solche Vorstellungen käme, die so weitreichend, tief und hoch sind, würde ihn das aus dem Gleichgewicht bringen. Sein Gehirn würde brennen und sein Herz würde vor heiliger Aufregung brechen. Aber Jesus spricht diese Wahrheiten mit vollkommener Ruhe; es waren keine neuen Gedanken für ihn; es gab keine Anstrengung, sie zu erfassen oder auszudrücken. Doch Jesus war voller Mitgefühl. Er weinte mit den Schwestern am Grab des Lazarus und beklagte mit Schluchzen und Tränen das Schicksal Jerusalems.

Sie haben eine Geschichte von Sir Isaac Newton gelesen, die, ob historisch wahr oder falsch, das, was Ihnen hier zur Kenntnis gebracht wird, gut illustriert, da sie einem Menschen sehr ähnlich ist, indem sie zeigt, wie sich Jesus von einem einfachen Menschen unterscheidet. Als Sir Isaac seine intensiven und langwierigen Studien über die Gesetze, die die Bewegung der Himmelskörper regeln, fast abgeschlossen hatte und dem Ende seiner großen mathematischen Berechnungen nahe genug war, um das Ergebnis vorherzusehen und zu erkennen, dass es seine erhabenen Spekulationen rechtfertigen würde Was das herrschende Gesetz des materiellen Universums anging, war er – ein kalter Philosoph und in Selbstbeherrschung geschult wie er war – so begeistert, dass er die einfachen Prozesse, die in seiner Formel enthalten waren, nicht abschließen konnte. Es war notwendig, einen Freund hinzuzuziehen, um die leichte Arbeit für ihn zu erledigen; Im Moment war der große Astronom aus dem Gleichgewicht geraten.

Sir Isaacs Weg war rein männlich; Große Erfinder sind verrückt geworden, als sie nur einen Schritt vom Triumph entfernt waren.

Aber Jesus blieb ruhig, als er auf einfachste Weise von den größten Wahrheiten des Lebens und den erstaunlichsten Ereignissen sprach, deren Entfaltung erst in der Ewigkeit erwartet wird.

Kein Wunder, dass diejenigen, die einmal geschickt wurden, um ihm die Hände aufzulegen, nur diese Antwort hatten, als sie ohne ihn zu ihren Herren zurückkehrten: „Nie hat ein Mensch so geredet wie dieser."

KAPITEL IX.
DER SOHN DES MENSCHEN UND DER SÜNDE.

WENN wir das Werk, das Jesus in der Welt zu tun beabsichtigte, mit den Plänen der Größten der Erde vergleichen, können wir ihn nicht mit einfachen Menschen vergleichen.

Wozu kam er seiner Meinung nach auf die Welt? Was sah er als seine Mission an?

An der Antwort können wir nicht im geringsten zweifeln; Es gab keine Verwirrung in seinen Gedanken, keine Zweideutigkeit in seinen Worten. Wenn wir fragen, was Jesus für seine Mission hielt, werden wir leicht die Antwort finden – beispiellos, absolut einzigartig, erstaunlich, aber ebenso unverkennbar in der Bedeutung wie einfach in der Ausdrucksform.

Wir werden mit seinen eigenen Worten antworten: „Der Menschensohn ist gekommen, zu suchen und zu retten, was verloren ist." „Ich bin nicht gekommen, um die Gerechten, sondern die Sünder zur Buße zu rufen." „Gott sandte seinen Sohn nicht in die Welt, um die Welt zu verurteilen, sondern damit die Welt durch ihn gerettet würde." „Ich bin nicht gekommen, um die Welt zu richten, sondern um die Welt zu retten." Wenn möglich, eindringlicher als in seinen Worten, seiner Vorstellung von ihm Seine Mission zeigt sich in seiner Arbeit, seinem Leben und seinem Sterben. Der heilige Lukas gibt uns in der Apostelgeschichte in einer einfachen Aussage die gesamte Geschichte wieder; Es handelt sich um die Biographie des Gottmenschen: „Er zog umher und tat Gutes."

Dass Jesus in der Welt Böses sah, das behoben werden musste, und dass er versuchte, das Böse, das er sah, zu beseitigen, unterscheidet ihn an sich nicht von guten und weisen Menschen, die die Tatsachen des menschlichen Lebens beobachtet haben und dies getan haben beklagt das menschliche Elend. Alle großen Lehrer und Reformatoren haben das Böse in der Welt erkannt, und viele von ihnen haben dieses Übel eindeutig als moralisches Übel erkannt. Darin ist die Lehre Jesu eigentümlich; Alles Böse, das es auf der Welt gibt, ist moralisch Böses, und alles Moralische Böse ist in seiner Wurzel Sünde, und Sünde ist, wenn man sie als eine Eigenschaft des menschlichen Charakters betrachtet, ein Seinszustand, der nicht im Einklang mit Gott steht; Wenn man es als Tatsache betrachtet, handelt es sich um ein Leben, das gegen das Gesetz Gottes verstößt. Der böse Mensch ist seinem Geist nach in Feindschaft mit Gott; in seinem Leben bricht er Gottes Gesetz. Er liebt das Böse, weil das Böse in ihm ist; sein Leben ist böse, weil sein Herz schlecht ist.

Und Jesus kommt, um die Sünde wegzunehmen; um die Menschen von ihr, ihrer Strafe und ihrer Macht zu befreien. Der Engel sagte zu Maria: „Du sollst ihm den Namen Jesus geben, denn er wird sein Volk von seinen Sünden erlösen."

Nach Ansicht Jesu ist die Sünde das einzig Böse; Befreiung von der Sünde ist Befreiung von allem Bösen; es ist Erlösung. Er schlug die Sünde als die Wurzel allen möglichen Übels vor; er erkannte nichts Böses, das in den Umständen des Menschen lag, als ob sein Böses vom Schicksal herrührte oder auf irgendeine Weise für ihn unbesiegbar wäre; es ist alles Sünde.

Deshalb macht sich Jesus nicht daran, die Lebensumstände der Menschen zu verbessern, indem er sich direkt anstrengt, die gesundheitlichen, wirtschaftlichen, politischen oder sozialen Lebensbedingungen zu verbessern; er wirkt am Menschen selbst. Alles, was den Zustand des Menschen verbessert, ist in der Lehre Jesu zu wünschen übrig; aber es reicht nicht aus, den Menschen bequem zu machen; er muss gut gemacht werden. Er lehrt, dass den Menschen, die von der Sünde befreit sind, alles wirklich Gute und Notwendige zuteil wird, und dass dem, dessen Sünde in ihm verbleibt, kein wirklich Gutes zuteil werden kann. Erstens und letztens macht Jesus stets die Befreiung von der Sünde zum einzig Notwendigen – zum höchsten Gut.

So wie seine Art war, streitet er nicht darüber; Er stellt seine Lehre positiv dar, „mit Autorität", als jemand, der die ganze Wahrheit des Falles kennt. Es gibt kein qualifizierendes Wort, um seine Aussagen abzuschwächen und Raum für Rückzugsmöglichkeiten vor möglichen Fehlern zu lassen.

Seine Lehre lehrte und veranschaulichte er auf jede erdenkliche Weise. Es ist in seinen formelleren Reden, seinen kürzesten Kommentaren zu Menschen und Dingen, seinen gelegentlichsten Gesprächen und den beiläufigsten Bemerkungen. Seine Lehre besteht in all seinen Bemühungen, den Menschen Gutes zu tun, wie in jeder Warnung und jedem Versprechen.

Und es gibt nie den Hauch von Zweifel, den Verdacht des Zögerns. Vom ersten bis zum letzten Wort, von den Seligpreisungen bis zum Gebet am Kreuz ist es immer dasselbe; Das ganze Problem des Menschen liegt in seiner Sünde; seine einzige Erlösung ist die Befreiung von der Sünde.

Es kommt auf die beiläufigste Art und Weise heraus. Als die reuige Magdalena an Simons Tisch seine Füße mit ihren Tränen wusch, sagte er kein Wort über ihre verlorene gesellschaftliche Stellung oder deren mögliche Wiederherstellung. Er sagte: „Deine Sünden sind vergeben; Dein Glaube hat dich gerettet; In Frieden gehen."

Als die vier freundlichen und liebevollen Freunde von Kapernaum – deren Namen wir gerne wissen würden – ihren gelähmten Nachbarn zum Haus des

Petrus gebracht und ihn schließlich unter großer Mühe durch das zerbrochene Dach zu den Füßen Jesu niedergelegt hatten, wurde der In den ersten Worten ging es nicht um Lähmung und Heilung, sondern um Sünde und Erlösung: „Mein Sohn, deine Sünden seien dir vergeben." Das ist es, was die Geschichte vom reuigen Zöllner bedeutet, der ausruft: „Gott sei mir Sünder gnädig." Das ist es, was die Geschichte vom verlorenen Sohn bedeutet; Es ist die Bedeutung des gesamten Lebens und der Lehre Jesu.

Wir müssen insbesondere beachten, dass die bloße Vorstellung einer göttlichen Inkarnation nicht eigen ist Geschichte von Jesus. Die Idee der Inkarnation, die Idee, dass die Götter eine fleischliche Gestalt annehmen und sich den Menschen manifestieren, ist in den Traditionen fast aller Nationen verankert. Ich glaube, es wurde voreilig gesagt, dass es einige Rassen, zumindest einige Stämme, in der Entwicklung so niedrig gibt, dass sie überhaupt keine Vorstellung von Gott haben. Es ist leicht, sich in solchen Dingen zu irren; Für einen kultivierten Mann ist es schwierig herauszufinden, was ein Wilder wirklich über irgendein Thema denkt, am allerwenigsten über seine Religion. Vielleicht ist die Sprachschwierigkeit in einem solchen Fall das geringste Hindernis für das Verständnis; Die Unterschiede zwischen Männern werden nicht nur an Unterschieden in der Sprache gemessen. Es ist sicher, dass die Vorstellung von Gott in irgendeiner Form in den meisten Nationen vorhanden ist. Ich glaube, dass es in allem so ist. Und in jeder Nation gibt es eine Vorstellung von einer göttlichen Manifestation.

Der Versuch, die Götter in Stein, in Metall, in Holz oder sogar in groben Zeichnungen und Gemälden darzustellen, erfolgt, nachdem ein traditioneller Glaube an ihre Manifestation in sichtbarer und greifbarer Form seit langem in den Vorstellungen der Menschen verankert ist.

Es ist nicht immer eine menschliche Form; Es handelt sich im Allgemeinen nicht um eine menschliche Form, es sei denn, sie ist Teil der Konzeption: wie beim adlerköpfigen Belus von Babylon, wie bei den geflügelten Stieren mit dem Kopf eines Menschen und den Füßen eines Löwen, die Layard in fand die Ruinen von Ninive. Diese zusammengesetzten Bilder repräsentierten Ideen der Götter, nicht Tatsachen über sie. So symbolisierte das in den Ruinen von Ninive gefundene Bild Stärke, Schnelligkeit, Mut und Intelligenz. Aber die Ideen, die in diesen seltsamen und grotesken Formen zum Ausdruck kamen, entsprangen den Traditionen der göttlichen Manifestation, der Inkarnation.

Alle Mythologien erzählen von Inkarnationen; aber die Idee der göttlichen Inkarnation in der Geschichte der Evangelisten unterscheidet sich nicht in einigen Vorfällen, sondern in allen wesentlichen Punkten von allen anderen. Eine einzigartige Tatsache, auf die bereits in einem anderen Zusammenhang hingewiesen wurde, ist, dass Jesus einfach ein Mann war, der, was sein

Aussehen anging, absolut nichts Besonderes aufwies. Weder Statur, Schönheit, Schnelligkeit noch Stärke werden Jesus zugeschrieben.

Wir könnten über die Einschränkungen sprechen, die mit anderen Vorstellungen von inkarnierten Göttern einhergehen. Sie sind nach Rasse spezialisiert und nach Ländern lokalisiert. Dieser Gedanke wurde an anderer Stelle veranschaulicht. Vielleicht möchte ich Sie jetzt nur daran erinnern, dass Vishnu Hindustane ist , Isis und Osiris Ägypter, Odin und Thor Skandinavier. Keiner von ihnen hat Beziehungen zur gesamten Menschheit. Aber Jesus, der sich selbst „Menschensohn" nennt, ist von allen und gehört allen.

Aber der bemerkenswerteste Unterschied, der jetzt berücksichtigt werden muss, ist der, der allein Jesus von anderen unterscheiden würde Alle anderen, ob Menschen oder legendäre Götter, wollte er letztendlich erreichen. Die Götter wurden Fleisch und erschienen den Menschen oder wohnten unter ihnen, um viele und sehr unterschiedliche Dinge zu tun; Jesus hat nur eine Sache getan, und zwar das, was kein anderer jemals getan hat oder auch nur im Geringsten in Betracht gezogen hat. Er, „der Menschensohn", war von allen und für alle, und er schlägt ein Ende vor, das alle betrifft. Das Böse, das er von allem entfernen würde, ist kein hebräisches Problem; es liegt in der Menschheit.

Das ist im Vergleich einfacher. Vishnu, der höchste Gott der Hindustanee- Mythologie, hat, so erzählen es uns die alten Geschichten, fast unzählige Inkarnationen erlebt. Aber zu welchem Zweck? Immer ein paar Wunderkinder hervorbringen; einige seltsame Dinge auf der Ebene des menschlichen Lebens zu tun; Dinge zu tun, die die Umstände eines Menschen beeinflussen, nicht seinen Charakter. Er kommt, um etwas in einem begrenzten Bereich zu tun; etwas für sein Volk, das Hindustanee-Volk, nicht für die gesamte Menschheit. Wenn Vishnu in Gnade kommt, kommt er, um äußere Umstände zu heilen; Er rettet vor Pest, Hungersnot, wilden Tieren und giftigen Schlangen. Wenn er in Zorn kommt, geschieht das, um seine Feinde zu vernichten.

In der Mythologie erwuchs die Vorstellung der Menschen vom Kommen der Götter aus ihren jeweiligen Umständen. So gibt es in Indien die Vorstellung vom Bösen selbst wurde durch die für Indien besonderen Verhältnisse bestimmt. Mit ihnen wuchs das Böse aus den Dschungeln, wo die Pest gezüchtet wurde, es Schlangen in Hülle und Fülle gab und wilde, menschenfressende Tiger sich versteckten und auf ihre Beute warteten. Sie wurde durch jene Lebensbedingungen bestimmt, die einer dicht bevölkerten Bevölkerung eigen sind, die den Geißeln nach dem Krieg und den schlimmen Naturbedingungen – Pest und Hungersnot – ausgesetzt war.

Das Böse, das Jesus betrachtete, war keinem Volk und keinem Land eigen; es ist nicht aus natürlichen Bedingungen heraus entstanden; es war im Menschen selbst und es war Sünde.

Unter kriegerischen Nationen kamen die Götter herab, um sich an rein nationalen Angelegenheiten zu beteiligen; Sie führten die Schlachten ihrer Freunde und bestraften ihre Feinde. Das alles erzählt Ihnen Homer in der Geschichte von der Belagerung Trojas. Virgil sagt Ihnen dasselbe; Ihre klassischen Autoren sind voll davon. Von solchen Inkarnationen erzählen die armen Indianer und Negerstämme.

Es war diese sehr menschliche Vorstellung von der göttlichen Inkarnation, die die nationale Vorstellungskraft erfüllte und die nationalen Hoffnungen stützte, bevor Jesus kam. Nach einer solchen Inkarnation sehnten sie sich, als sie ihn ablehnten, weil sie ihn nicht für ihre Zwecke nutzen konnten; Es ist eine Vorstellung, die bis heute im hebräischen Denken und in der Hoffnung verankert ist. Sie suchten und beteten für einen göttlichen Kriegerkönig, der es tun würde Führe ihre Armeen, stelle ihre Nation wieder her und gib ihr die Herrschaft über die Welt.

Wie unglaublich ist die Vorstellung, dass die Evangelisten uns nur eine Widerspiegelung der Volksstimmung, das Ergebnis nationaler Traditionen, gegeben haben! Diese Gefühle und Traditionen wurden durch die Art der Inkarnation, die die Evangelisten beschreiben, völlig zerstört. Die Nation war bis zum Tode verärgert über die Vorstellung, die Jesus von seiner Mission gegenüber den Menschen hatte; vor einem solchen König wie Jesus bevorzugten sie den Cäsar, den sie hassten; Sie töteten den Mann, der sie nur deshalb von ihren Sünden retten wollte, weil er sie in ihren patriotischen Ambitionen enttäuschte.

Allgemein ausgedrückt: Die Götter der Nationen kommen, wenn sie inkarniert werden, um die Arbeit eines Menschen zu verrichten. Sie wirken auf die Außenseite des Lebens; Sie streben danach, den Menschen von äußeren Übeln zu befreien und seine äußeren Bedingungen zu verbessern. Die „zwölf Arbeiten des Herkules" sagen uns, wozu die Menschen dachten, dass sie einen göttlichen Mann brauchen würden; Die Evangelisten sagen uns, was der göttliche Mensch der Meinung war, dass die Menschen es tun müssten. Wenn die Götter der Mythologie inkarnieren, wirken sie im Bereich der Umstände; Jesus spricht nur vom Menschen selbst, seinem Herzen, seinem Charakter und versucht nur, ihn gut zu machen.

Hier liegt also der wesentliche Unterschied: sein Vorstellung vom Bösen und dahinter natürlich auch seine Vorstellung vom Menschen selbst.

Wie wir gesehen haben, liegen im Denken Jesu das Böse und das Gute, die Nöte und Segnungen der Menschheit im Menschen selbst; sie liegen nicht im Äußerlichen, sondern im Inneren; nicht in den Umständen, sondern im Charakter. Jesus beschäftigt sich daher nicht mit Armut oder Reichtum, Krankheit oder Gesundheit, Feinden oder Freunden, Verachtung oder Gunst, Knechtschaft oder Freiheit, frühem Tod oder langem Leben. Er kümmert sich nicht um irgendwelche Umstände, die lediglich das äußere Leben des Menschen bestimmen; er ist um den Menschen selbst besorgt. Wenn es wirklich Gutes oder wirklich Böses gibt, dann sind das Gute und das Böse im Inneren und nicht außerhalb des Menschen.

Beachten wir auch, dass Jesus das moralische Übel des Menschen, das das einzige Übel ist, das er anerkennt, niemals auf bloße Unkenntnis der Wahrheit zurückführt, als ob Belehrung und bloße Änderung der Meinungen des Menschen das Übel beheben könnten; Er ordnet es immer in etwas ein, das die Liebe des Menschen von Gott entfremdet, in etwas, das Jesus Sünde nennt, in etwas, das Sünde ist, weil es dem reinen Willen Gottes entgegensteht. Und Jesus lehrt, dass die Natur des Menschen so beschaffen ist, dass keine Verbesserung seiner äußeren Bedingungen irgendeine wirkliche Hilfe bringen kann; Solange der Mensch nicht im Einklang mit Gott ist, kann es für ihn weder in dieser noch in der nächsten Welt etwas Wirkliches geben Gut. Dies meinte er mit der Frage, die einen Menschen über die Welt stellen lässt: „Was nützt es einem Menschen, wenn er die ganze Welt gewinnt und seine eigene Seele verliert?"

Jesus gab sich große Mühe, den Menschen zu lehren, dass ihr wahres Übel und ihr wahres Gutes in ihnen selbst und nicht in ihren Umständen lag. Er nutzte fast jede Form der Sprache, um ihnen beizubringen, einen Mann als einen Mann zu betrachten und nicht als ein Spiel der Umstände.

Die Armut war Jesus egal; vor Reichtum hatte er keinen Respekt. Die Geschichte des Scheunenbauers gibt uns sein feierliches Urteil über einen Mann, der sehr großen weltlichen Erfolg hatte; Wer war das, wonach sich die meisten Männer sehnen und streben – reich und großartig? Aber er war ein Mann, der nicht im Einklang mit Gott war – reich an Geld, bankrott in der Seele. Jesus nennt einen solchen Mann entgegen aller menschlichen Meinung eindeutig „einen Narren".

Das Drama vom reichen Mann und Lazarus wirft das Licht beider Welten auf die Frage nach dem höchsten und einzigen Guten des Menschen und unterstreicht durch die Verzweiflung des Fürsten in der Hölle sein Urteil über den Fall der wohlhabenden und selbstzufriedenen Scheune. Baumeister, in dessen Gedanken und Plänen weder seine eigene Seele noch der Gott, der ihn erschaffen hat, einen Platz hatten.

Immer – egal, ob er über seine eigene persönliche Arbeit spricht oder seine Jünger über ihre Arbeit unterrichtet – Jesus zielt darauf ab, die Menschen zu verbessern, nicht ihre Bedingungen. Er kümmerte sich nicht um die

Bedingungen, es sei denn, sie verbanden die Menschen mit Einflüssen, die sie gut oder böse machten; er kümmerte sich nur um Männer. Daher legte er immer Wert auf den Charakter und nichts anderes.

Charakter ist in der Lehre Jesu alles; Es ist sowohl ein Test als auch ein Maßstab dafür, was ein Mensch ist, und es gibt keinen anderen Test oder Maßstab, um den sich der Mensch kümmern sollte, um den sich Gott kümmert.

Das Staunen des bequemen und gebildeten Nikodemus zeigt uns, dass diese Vorstellungen von Jesus nicht von den Männern seiner Zeit und Rasse übernommen wurden.

Fasst man zusammen, was hier über die Vorstellung Jesu von seiner Mission gegenüber den Menschen dargelegt wird, eine Vorstellung, die so einzigartig ist wie sein eigener Charakter: Nur eines hasste er und versuchte zu zerstören – die Sünde; Er liebte den Menschen nur eines und wollte ihm etwas schenken: Güte.

Nur eines hassen seine wahren Jünger: Sünde; Nur eines ist es wert, danach zu streben, zu leben und zu sterben: das Gute: ein anderer Name für Christusähnlichkeit.

KAPITEL X.
Das Ausmaß des Endes, das er vorschlug und anstrebte.

WIR nun kurz die Größe des Werkes, das Jesus als Abschluss seiner Mission unter den Menschen vorsah.

Es ist völlig banal zu sagen, dass das von Jesus geplante Werk alle Träume der kühnsten Vorstellungskraft übertrifft.

Es ist eine tiefe Beleidigung, dass Napoleon einst in St. Helena die von Jesus geplante Arbeit mit den Träumen verglich, die er und Alexander und Julius Cäsar von weltverändernden Eroberungen hegten. Es ist keine große Sache, dass selbstsüchtige, ehrgeizige und begabte Männer davon geträumt haben, das, was wir die Welt nennen, mit Gewalt zu erobern. Cäsar, Alexander, Mohammed, Napoleon und sogar der arme wilde El Mahdi aus der Wüste können solche Träume träumen. Aber was sind solche Träume, wenn wir an Jesus und die Arbeit denken, die er sich vorgenommen hat und die er sich vorgenommen hat?

Wenn wir zuhören, denken wir nicht gern an die ehrgeizigen Träume, die höchsten, die jemals einen weltweiten Eroberungsplan gewagt oder geplant haben an Jesus über seine Mission für die Menschen. Jesus spricht von der Eroberung aller Nationen, nicht wie damals, sondern von der Eroberung aller Nationen für alle Zeiten. Es ist nichts weniger und nichts anderes als die moralische und spirituelle Neuschöpfung der Menschheit, die absolute Eroberung der Liebe der Menschenherzen für Zeit und Ewigkeit.

Man kann von Jesus sagen, was die Menschen wollen, es hat sich gelohnt, in Scham und Qual an einem römischen Kreuz zu sterben, um auch nur für einen Moment solche Gedanken zu haben. Kein einfacher Mensch hatte jemals solche Gedanken, konnte solche Gedanken hervorbringen oder solche Gedanken lange in seinem Griff behalten. Das Ende, das Jesus sich selbst vorschlug, liegt ebenso weit über den edelsten Gedanken der edelsten Männer, wie die Pracht des Mitternachtshimmels über dem billigen Glanz eines Spielzeugladens liegt.

Der Gedanke, eine Rasse zu retten, war ebenso außermenschlich und übermenschlich wie der Gedanke an das Universum; Die Rettung einer Rasse, die Rettung eines Menschen liegt ebenso weit jenseits der menschlichen Macht wie die Schöpfung selbst.

Wir können die Vorstellung, die Jesus von dem Werk hatte, zu dem er kam, nicht begreifen; es macht uns schwindelig, wenn wir ständig darüber nachdenken; Es ist, als würde man versuchen, die Entfernungen der

Fixsterne zu ermitteln. Seine Pracht macht uns blind; es ist, als würde man in die wolkenlose Sonne schauen.

Niemand, wie auch immer seine Meinung über Jesus oder seine Einstellung zu ihm sein mag, kann seinen Glauben in Frage stellen absolut vom Erfolg der von ihm geplanten Arbeit überzeugt. Seine Pläne umfassen die gesamte Menschheit und erfordern die Ewigkeit für ihre Vollendung, aber er spricht von diesen erstaunlichen Dingen mit der vollkommenen Sicherheit und Einfachheit eines kleinen Kindes: „Und wenn ich erhöht werde, werde ich alle Menschen zu mir ziehen." "

Es ist was schwer zu sagen, was einem einfachen Menschen am unähnlichsten ist: der Charakter der Arbeit, die er vorhatte, die Größe davon, der unermüdliche Eifer, mit dem er sich an die Arbeit machte, oder sein absolutes Selbstvertrauen, seine Ruhe und seine Einfachheit beim Erzählen Männer darüber.

Es ist unmöglich, über ein solches Thema würdig zu schreiben. Versuchen wir, wenn auch nur für einen Moment, zu erkennen, wie unähnlich das alles einem einfachen Menschen ist.

Jesus denkt über die Ursachen des menschlichen Elends nach und über die Art seiner Abhilfe. Für seine Gedanken ist alles offen, klar und sicher. Er hat nicht den geringsten Zweifel daran, dass er dem Thema auf den Grund gegangen ist und absolut alles weiß. Was alle menschlichen Denker verwirrt hat, liegt im Sonnenlicht seiner Vision. Wenn der stärkste und beste Mann versucht, in die Tiefen der menschlichen Natur und seines Elends vorzudringen, arbeitet er schwer und atmet schwer wie ein Taucher in seinem Kettenhemd unten in der Tiefsee. Wenn ein Mann versucht zu erzählen, was er in den Schatten zu sehen glaubt, denen er nicht entkommen kann, Während er über diese schwierigen und für ihn unmöglichen Themen nachdenkt, mangelt es ihm sehr an Worten; Die Äußerung ist schwerfällig und verwirrend. Aber Jesus bemüht sich nicht, die Wahrheit zu erfassen; seine Gedanken sind für ihn klar und vollständig; Seine Sprache ist für uns einfach und klar. Es ist so: „Aus dem Herzen kommen böse Gedanken." Deshalb muss es nicht nur eine Reformation, sondern einen Wandel geben. „Ihr müsst wiedergeboren werden", ist sein erstes Wort an Nikodemus und an alle, die zu ihm kommen.

An dieser Stelle muss noch ein weiterer Gedanke berücksichtigt werden, wenn es darum geht, die Merkmale zur Kenntnis zu nehmen, die Jesus von den Menschen unterscheiden. Ein bloßer Mensch, der in seinen Überlegungen die abgrundtiefen Tiefen der geistigen Krankheit des Menschen entdeckt, ein bloßer Mensch, der das Übel der Sünde so klar versteht, wie es noch kein Mensch je begriffen hat, würde von Verzweiflung niedergedrückt werden. Viele gute Männer, die nur einen kleinen Teil dieser

Dunkelheit sahen, wurden durch das, was sie sahen, in den Wahnsinn getrieben. Wo es sich nicht um krankhafte Gefühle oder philosophisches Spiel handelt, ist dies der Ursprung des Pessimismus.

Davon gibt es bei Jesus nichts. Er sah alles; seine tiefsten Tiefen standen seinen Augen offen; aber er begegnet dem Problem mit unendlicher Gelassenheit. Er verkündet ein Heilmittel, das dem Übel entgegenwirkt. Er spricht zu einem müden und von Sünden geplagten Volk: „Kommt zu mir, alle, die ihr arbeitet und schwer beladen seid, und ich werde es tun gib dir Ruhe. Nimm mein Joch auf dich und lerne von mir; denn ich bin sanftmütig und von Herzen demütig; und ihr werdet Ruhe für eure Seelen finden. Denn mein Joch ist sanft und meine Last ist leicht."

Und das bietet er einer sündigen und unruhigen Welt an. Er sagt, er werde die Menschen verändern, sie neu und gut machen, sie wieder gesund machen.

Aber es gibt keine verrückten Allüren, die Träumern und Enthusiasten eigen sind. Kein normaler Mensch könnte ohne Wahnsinn solche Gedanken denken und solche Dinge ernsthaft sagen. Aber es gab nie ein so vollkommenes geistiges und spirituelles Gleichgewicht, wie wir es deutlich bei Jesus sehen. Er spricht von der moralischen Eroberung der gesamten Rasse; er bittet um die vollkommene Liebe der Menschen, damit er sie von allem Bösen erretten möge, indem er sie von ihren Sünden rettet; er spricht von seiner Arbeit als einem Verständnis von Zeit und Ewigkeit; er bietet den Gläubigen Unsterblichkeit und ewiges Leben an. Und seine geistige Ruhe ist absolut; seine Einfachheit in der Art ist perfekt.

KAPITEL XI.
NIE WIE DIESER MANN GEPLANT WURDE.

WAS sollen wir über die Mittel sagen, die Jesus zur Verwirklichung seiner gewaltigen und unerhörten Ziele einsetzen will?

Ich sage im weitesten Sinne und mit gewisser Gewissheit, dass Jesus keines der Mittel vorschlägt, die normale Menschen nutzen würden; von der Art, die sie schon immer verwendet haben. Seine Pläne und Methoden sind den Plänen und Methoden der Menschen völlig unähnlich, es sei denn, sie haben in bescheidenem und ernsthaftem Bemühen, seinen Willen zu tun, höchst unvollkommen von ihm gelernt. Die Methoden, auf die normale Menschen vertrauen – immer vertrauen –, wird er nicht haben.

Jesus schließt bloße Gewalt völlig aus. Sein Symbol ist kein Schwert; es ist ein Kreuz. Er sagte: „Wer das Schwert nimmt, wird durch das Schwert umkommen."

Einige schwache Denker oder unaufrichtige Männer haben versucht, dem Christentum die Schuld barbarischer Grausamkeiten und vieler böser und schrecklicher Taten anzulasten, die von unwissenden oder bösen Männern im heiligen Namen Christi begangen wurden. Böse Menschen haben in der Dunkelheit der Unwissenheit und in der Bösartigkeit der Sünde seinen Namen benutzt, um ihre Brüder zum Nachdenken zu zwingen. Der Für Galilei war die Folter ein böser Gedanke und eine böse Methode böser und unwissender Menschen. Aber Jesus duldet weder Gewalt bei der Ausübung seines Werkes noch irgendeine Art von Verfolgung.

Einmal waren zwei seiner Jünger, Johannes und Jakobus, beleidigt, weil ein samaritanisches Dorf Jesus und seinen Freunden keine Gastfreundschaft bot. Da sagten die Brüder: „Herr, willst du, dass wir befehlen, dass Feuer vom Himmel herabkommt und sie verzehrt?" Sie waren Männer und ihre Methode war rein menschlich. Was Jesus zu ihnen sagte, sagt er allen: „Er aber wandte sich um und tadelte sie und sprach: Ihr wisst nicht, was für ein Geist ihr seid."

Dem Christentum die bösen Taten derer anzulasten, die die Lehren seines Gründers missachtet haben, ist so, als würde man der Medizin den Tod von Menschen anlasten, die im Namen der Medizin von Betrügern zu Tode gepeinigt wurden.

Force konnte nichts von seiner Arbeit erledigen; es war die Liebe des Menschen, die er suchte; und Liebe kann weder von Gott noch von Menschen erzwungen werden. Liebe stirbt unter Gewalt. Die Cäsaren wenden Gewalt an; Es ist die Art und Weise eines Mannes. Der Gottmensch nutzt die Liebe.

Jesus vertraut nicht auf die Kaufkraft des Reichtums oder des Geldes, dessen Vertreter er ist. Er sprach kaum über Geld, außer um die Gefahr aufzuzeigen. Die Liebe zum Geld prangerte er an. Das hat er gelehrt Geldgier ist erniedrigend. Für einen reichen Mann ist der Weg in den Himmel wie der Gang eines Kamels durch ein Nadelöhr – nur „härter". Der einzige reiche Mann, der sich freiwillig als Jünger gemeldet hatte, wandte sich traurig ab, als ihm gesagt wurde, er solle seine Ländereien verkaufen und den Erlös den Armen geben. Jesus warnt seine Jünger mit gnädiger Eindringlichkeit vor der Torheit und Gefahr, Schätze auf der Erde anzuhäufen. Persönlich machte er sich keine Sorgen um Reichtum, außer um seine Jünger vor den schrecklichen spirituellen Gefahren zu warnen, die im Reichtum lauern. Er stellt keinen Schatz zur Verfügung, um seine Arbeit fortzusetzen. Er lehrte, dass die Liebe zum Geld die Quelle von mehr moralischen Übeln sei als alles andere auf der Welt.

Es ist die Art und Weise eines Mannes, zu bestechen und sich Gunst und Erfolg zu erkaufen. Satan glaubt absolut an die Macht des Geldes. Jesus selbst bot der Teufel die Unterwerfung der Welt an, wenn er ihm nur Treue zollen würde.

Die Menschen unserer Zeit werden nicht glauben, was Jesus zu diesen Themen sagt, und ihre sofortige Ablehnung seiner Lehre ist Beweis genug dafür, dass er nicht wie ein Mann geplant hat, als er die Macht des Geldes, um Einfluss zu erkaufen, aus seinen Plänen verworfen hat. Für Geld, als Geld, empfand Jesus nur Verachtung. Er lehrte, dass Reichtum, der um seiner selbst willen gehalten wird oder nur aus Egoismus genutzt wird, seinen Besitzer als „Narren" erweist; dass es sowohl erniedrigt als auch verdammt. Seiner Ansicht nach ist dies in gewisser Weise möglich Nur sei es ehrenhaft, reich zu sein – Reichtümer selbstlos und sinnvoll zu nutzen. Selbst dann ist es gefährlich.

Zu seiner Zeit, wie auch heute noch, verunglimpften die Menschen der Welt seine Lehre; „Die Pharisäer, die habgierig waren, verspotteten ihn."

Denn die Lehren Jesu über Geld und seinen richtigen Gebrauch haben nur wenige, selbst von denen, die behaupten, seine Jünger und Freunde zu sein, vollkommenen Respekt. Er scheint ihnen in seinen Ansichten „visionär" zu sein, und seine Worte scheinen „ungeschäftlich" zu sein. Ein Mann sagt sich: „Jesus sagt, Geld sei gefährlich für meine Seele; Er sagt mir, dass ich nur ein Verwalter bin, der Geld treuhänderisch verwaltet, und dass ich es denen geben muss, die es brauchen. Ich kann seinen Plan nicht weiterführen; Ich werde meinen Plan riskieren."

Ein solcher Mann glaubt nicht, was Jesus lehrt; es sei denn, man sollte die Aussage so weit einschränken, dass man sagen kann – es sei denn, das Gold hat seine Augen so geblendet, dass er nicht versteht, was die klaren Worte des Meisters wirklich bedeuten.

Von seiner Methode schließt Jesus die Diplomatie aus, die Kunst, einen Egoismus gegen den anderen auszuspielen. „Lass deine Kommunikation sein: Ja, ja; Nein, nein; denn alles, was darüber hinausgeht, kommt aus dem Bösen." Seine Jünger müssen tatsächlich „weise wie Schlangen und harmlos wie Tauben" sein; aber sie müssen die Wahrheit leben. Täuschung ist ihm zuwider. Die Talleyrands diplomatische Künste verstehen und anwenden. Die „Berliner Konferenz" ist ein modernes Beispiel; es veranschaulicht die Methode eines Mannes. Nicht unbedingt eine schlechte Methode, aber eine Männermethode .

Denken Sie an einen Satz, den wir jeden Tag in den Zeitungen lesen: „Das Kräfteverhältnis in Europa". Sehen Sie, wie die „Großmächte" und die Kleinen sich allen möglichen Intrigen hingeben und listige Staatskunst einsetzen, um ihre schwächeren Nachbarn zu umgehen, zu täuschen, zu zwingen, sich zu behaupten oder auszurauben oder durch Kombination die Stärkeren zu schwächen.

Gegen „Priestergewerbe", das in kirchlichen Kreisen Staatsgewerbe ist, wurden viele begründete Beschwerden vorgebracht. Seine Verbrechen, die von schlecht informierten und bösen Menschen begangen wurden, wurden dem Christentum in die Schuhe geschoben. Keine Anklage kann ungerechter sein; Es ist ebenso ungerecht, Jesus für den Verrat des Judas verantwortlich zu machen.

Das Priesterhandwerk ist eine Erfindung der Menschen; es hat in den Plänen Jesu keinen größeren Platz als Staatskunst; er erwägt keines von beidem, es sei denn, er überwältigt sie und zwingt sie entgegen ihrer Natur in seinen Dienst, damit ihn sowohl die List als auch der „Zorn des Menschen" preisen.

Was „Kirche" genannt wird, ist nicht gleichbedeutend mit „Himmelreich". Männer von weltlicher Gesinnung dürfen in kirchlichen Kreisen ihre eigene Arbeit verrichten; Sie erledigen das Werk Christi nicht mit diplomatischen Künsten.

Jesus schließt nicht nur den Appell an alle Formen der Selbstsucht aus, er verfeindet sie auch bis zum Tod. Sein erstes und letztes Wort, sein Ultimatum, lautet: „Wenn jemand mein Jünger sein will, verleugne er sich selbst und nehme täglich sein Kreuz auf sich und folge mir nach." Sein erstes Wort ist eine Aufforderung, die Festung des Eigenwillens aufzugeben. Solange die Kapitulation nicht vollständig ist, kann es keinen Frieden geben.

Ein einfacher Mensch würde für verrückt gehalten werden – und das zu Recht –, wenn er davon reden würde, irgendeinen kleinen Plan zur Verbesserung der Dinge an ihm auf irgendeine solche Weise voranzutreiben – und weil dies der Art und Weise eines Menschen so völlig unähnlich ist.

Jesus bietet keinen Anreiz zu bloßem Eigennutz. Er verspricht absolut nichts von den Dingen, die die Welt nur mit Mühe und Mühe sichern kann. Er verspricht kein Vergnügen, keine Ehre, kein Vermögen, keine Macht, keine Gesundheit oder ein langes Leben. Er sagt, dass Gott dafür sorgen wird, dass wahre Christen das haben, was ihnen gut tut. Aber er macht in vielerlei Hinsicht deutlich, dass „das, was für sie gut ist", oft auch das einschließt, was die Welt als böse bezeichnet.

Jesus scheint nirgends an das zu denken, was die Weltmenschen das Gute nennen; die Dinge, nach denen sie streben, und geben ihre Zeit, Kraft und ihr Leben, um es zu erreichen.

Es ist ein völliger Fehler anzunehmen, dass Jesus weltlichen Wohlstand als Belohnung für seine Pflicht und als Prämie für seine Frömmigkeit anbietet. Diejenigen, die versuchen, diese Bedeutung in die Schriften eines Apostels hineinzulesen, haben ihn falsch verstanden; es ist gegen alles, was ihm gehört Lehren. Es ist zweifellos wahr, wie Paulus sagt: „Die Frömmigkeit ist für alle Dinge von Nutzen, da sie die Verheißung des Lebens hat, das jetzt ist und das, was kommen wird." Aber „die Verheißung des jetzigen Lebens" kann im Reich Jesu nicht weltliche Dinge bedeuten; es bedeutet Güte, Gottes Frieden in der Seele des Menschen, Christusähnlichkeit im Herzen des Menschen hier und jetzt. Zweifellos macht die Religion diese Welt zu einer besseren, aber nicht, weil sie den Menschen reicher, sondern reiner macht.

Wenn wir überhaupt an Jesus und sein Wirken in der Welt glauben, können wir, wenn wir wollen, herausfinden, was er mit dem Folgenden meinte. Es ist wahr, dass die Religion, die den Menschen gut macht, ihn zurückhält und ihn vor den Torheiten und Sünden schützt, die Energie verschwenden und Vermögen verschwenden; Aber es ist völlig irreführend und verwirrend, aus den Worten Jesu den Gedanken herauszulesen, dass er sich an irgendein selbstsüchtiges Interesse wendet, indem er den Guten Glück verspricht. Es ist, als würde man weltlichen Reichtum zur Belohnung für Sanftmut und ein langes Leben zur Prämie für den Gehorsam gegenüber den Eltern machen.

Einige sehr reiche Menschen waren trotz ihres Reichtums zutiefst religiös. Es ist so, wie Jesus sagte: „Bei Gott ist alles möglich." Er war es auch, der sagte: „Wie schwer werden die Reichen in das Reich Gottes kommen." Aber die Besten Christi hatten in dieser Welt gemessen an Geld oder anderen Maßstäben keinen Erfolg.

Wenn das Werk Jesu – der Gewalt und die List der Diplomatie aus seinen Plänen ausschließt, der jeden Egoismus anprangert und jedes Eigeninteresse ignoriert, der von Anfang an absolute Selbsthingabe fordert – darin besteht, in der Welt zu bleiben, dann darin, erfolgreich zu sein , dann muss es gegen den Strom gehen und nicht mit ihm.

Einmal schien Jesus zu glauben, seine Zuhörer könnten ihn möglicherweise falsch verstehen, und er sagte ihnen deutlich, dass Armut, Not, Kummer und Verfolgungen in dieser Welt sie erwarteten, wenn sie ihm folgten. Und er sagte ihnen auch deutlich, dass sie, wenn sie irgendeinen Anteil an ihm und mit ihm haben wollten , vor nichts zurückschrecken dürften – dass sie notfalls sterben müssten. Als sie ihn schließlich verstanden, „wichen viele davon ab, ihm zu folgen". Und viele steigen bis heute in ihr Unternehmen ein.

Was er dem jungen Herrscher sagte, sagte er allen; ja, er sagt heute zu uns allen: „Die Füchse haben Löcher; und die Vögel des Himmels haben Nester, aber der Menschensohn hat keinen Ort, wo er sein Haupt hinlegen kann." Und wir erweisen ihm die tiefe Schande, zu glauben, dass er die Worte bloßer Gefühle geäußert hat! Mit seinen Worten an den reichen jungen Mann konnte er nur meinen: „Komm mit mir und heiße ihn willkommen; Ich werde dir helfen , ich werde dich retten; aber für diese Welt kann ich dir nichts versprechen." Er selbst war immer ein armer Mann, und seine Armut war kein Zufall in seiner Lebensweise. Es gibt nie war ein Mann, der zu arm war, um ein Freund Jesu zu sein, nie ein Mann, der so reich war, dass er in den Augen, die „einzig" und „voll Licht" waren, besondere Gunst finden konnte.

Jesus hätte den Menschen nicht Heiligkeit als das höchste Gut des Menschen anbieten können, mit weltlichen Segnungen als Grund dafür, gut zu sein; es hätte das Evangelium verdorben. Er hat nie versprochen, dass es seinen Jüngern in dieser Welt besser gehen würde als ihm. Eines Tages fragte er sie: „Soll der Diener über seinem Herrn stehen, der Jünger über seinem Meister?"

Aber wir erklären das alles weg.

Jesus schwelgte nicht in Gefühlen, als er seinen Jüngern lehrte, dass die Nachfolge von Jesus eine Selbstverleugnung bedeutet, die allen Dingen trotzen würde. Er sagte ihnen deutlich, dass sie mit Verfolgungen und Bedrängnissen rechnen müssten. Und einige reden sich ein, dass er nur für diejenigen sprach, die damals seine Jünger waren; dass solche Ideen nicht in zivilisierte Zeiten und Länder passen. Ein Apostel, der nur ein Mensch ist, könnte durchaus sein „Urteil" darüber abgeben, was am besten zu einer bestehenden Lebens- und Gesellschaftslage passt; Aber Jesus, der allen

Zeiten angehört, spricht kein Wort von lediglich lokaler und vorübergehender Bedeutung und Wichtigkeit.

Es war so sicher, dass der Treue Leid und irgendeine Art von Verfolgung folgen würden, dass Jesus seinen Jüngern und allen, die nach ihnen kommen sollten, eine Prüfung gab, anhand derer sie sich selbst beurteilen konnten Treue zu ihm: „Wehe dir, wenn alle Menschen gut über dich reden werden." Können wir uns vorstellen, dass Jesus solche Worte nicht für alle Menschen aller Zeiten und Länder meinte?

Er wusste, dass seine Freunde standhaft bleiben mussten und wie groß der Druck der Versuchung sein würde, sich ihm zu verweigern.

Er sagte ihnen, dass sie „um seinetwillen" „vor Könige gebracht" werden würden und dass „einige von ihnen getötet werden würden". Aber er sagte ihnen, sie sollten keine Angst haben; Sie sollten Gott fürchten und keinen anderen.

Eines Tages drängte Jesus seine Jünger, der Welt treu und mutig seine ganze Wahrheit zu verkünden, und so ermutigte und ermahnte er sie: „Und ich sage euch, meine Freunde: Fürchtet euch nicht vor denen, die den Körper töten Danach haben sie nichts mehr, was sie tun können. Aber ich werde euch im Voraus warnen, vor wem ihr euch fürchten sollt: Fürchtet euch vor dem, der, nachdem er getötet hat, die Macht hat, in die Hölle zu werfen. Ja, ich sage euch: Fürchtet euch vor ihm."

Anstatt auf irgendeine Weise zu vertrauen, self-interest fordert Jesus seine Kreuzigung. Wenn er sagt: „Wenn jemand mein Jünger sein will, der verleugne sich selbst und nehme täglich sein Kreuz auf sich und folge mir nach." wenn er absolute Selbstverleugnung fordert; wenn er sagt, dass auf dieser Welt kein Interesse möglich sei – weder Häuser, Ländereien, Vater, Mutter, Bruder, Schwester, Kind, oder Frau – muss zwischen ihm und seinen Jüngern stehen; Wenn er aus eigener Kraft ein Kreuz errichtet, an dem der Egoismus sterben muss, steht er abseits aller Menschen. Seine Methode ist nicht die eines Mannes. Seine Pläne unterscheiden sich von denen eines Menschen so sehr , wie das von ihm vorgeschlagene Ziel über dem Denken eines Menschen liegt und sich von ihm unterscheidet.

Wenn noch nie ein Mensch so gesprochen hat wie Jesus, dann hat auch nie ein Mensch so geplant wie er.

Bei der weiteren Betrachtung einiger Dinge in den Methoden, die Jesus für die Arbeit, die er sich selbst vorschlug, anwendete, können wir erwähnen, dass Jesus – anders als die Methode eines Menschen – in seinen Plänen, die Welt zu Jüngern zu machen, das Vertrauen auf bloße Argumente und die Kraft des Intellekts ausschließt.

Jesus ließ nicht den geringsten Raum für den fanatischen Aberglauben, dass seine Sache durch Unwissenheit vorangetrieben werde. Seine Lehre liefert jede Inspiration für die höchste Entwicklung des Geistes; und die beste Bildungsarbeit der Welt ist das Ergebnis christlicher Institutionen.

Aber Jesus lehrt seine Jünger, dass sie sich bei der Ausweitung seines Reiches nicht auf Gelehrsamkeit, auf die bloße Kraft des Intellekts und der Argumentation verlassen dürfen. Wenn sie dies täten, würden sie scheitern. Also lehrte er sie, und die Geschichte zeigt uns deutlich, dass seine Jünger versagt haben, als sie seine Lehren vergessen hatten. Ach! dass es so leicht ist, große Geschenke zu verfälschen. Es Es scheint fast genauso schwierig zu sein, nicht auf die großen Gaben des Genies zu vertrauen, wie es ist, großen Reichtum zu besitzen, ohne ihn zu lieben.

Da Jesus das Ziel vor Augen hatte, konnte er sich nicht auf bloße Gelehrsamkeit, geistige Begabung und Argumentationskraft verlassen. Denn das eigentliche Problem liegt nicht im Verstand der Menschen, sondern in ihren Herzen. Es ist nicht so, dass die Meinungen so falsch wären; Es liegt daran, dass die Dispositionen Gott so sehr entfremdet sind. Der Mensch braucht keine neue Meinung, sondern eine neue Liebe. Die Aufgabe Jesu war weitaus schwieriger als die Korrektur von Fehlern; es war das Gewinnen von Herzen. Liebe ist frei; Männer mögen gegen ihren Willen überzeugt werden, aber die Liebe stimmt zu.

KAPITEL XII.
JESUS WEDER THEOLOGE NOCH KIRCHE.

JESUS tat nichts von dem, was ein Mann tun würde, der vorhat, irgendein Königreich oder eine Glaubensschule zu errichten und aufrechtzuerhalten, nicht einmal in dieser Welt.

Er gründete keine Institutionen mit formellen Verfassungen. Er hat keinen Kodex verfasst – nicht einmal ein System der Moralphilosophie. Er hinterließ keine „theologischen Institute" mit präzisen Definitionen und genauen Einschränkungen. Einige seiner wahren Freunde haben bei dieser Arbeit ihr Bestes gegeben; er hat nicht. Ihr Weg ist der eines Mannes; seines war es nicht.

Er hinterließ kein formelles Glaubensbekenntnis; er hat so etwas nie erwähnt; er schien überhaupt nicht daran zu denken. Es ist so sehr die Art und Weise eines Mannes, solche Dinge zu tun, dass wir noch nicht mit der Vorstellung vertraut sind, dass Jesus es nicht getan hat. Viele sind plötzlich überrascht, wenn sie entdecken, dass Jesus kein Wort über systematische Theologie gesagt hat, die für viele so wertvoll ist. In all seinen Worten handelt es sich nicht um „Artikel der Religion"; kein Hinweis darauf. Er hat nicht einmal eine Doktrin seiner eigenen Natur in Form gebracht und Person. Sehr oft und auf vielfältige Weise sprach er von sich selbst und Gott und von seiner Beziehung zum ewigen Vater, aber er machte keine Definition. Oft sprach er von sich selbst, vom Vater und vom Heiligen Geist, aber er sagte kein Wort von der „hypostatischen Vereinigung" dreier Personen in einer Gottheit; kein Wort von den „wirtschaftlichen Beziehungen" der Heiligen Dreifaltigkeit.

Einige gute Menschen werden, wenn sie zufällig lesen, was hier niedergelegt wird, so sicher sein, dass Jesus tatsächlich einige der Methoden eines einfachen Menschen anwendete, um seine Lehren in der Welt zu bewahren, dass sie vermuten werden der Autor der Respektlosigkeit; zumindest aus Gleichgültigkeit, wenn nicht sogar aus etwas, worüber sie weniger denken, in dem, was über „Glaubensbekenntnisse" und „Theologien" gesagt wird. Sie werden sich in solchen Fragen irren, wie es bei ihnen üblich ist; Der Autor stellt nur Tatsachen dar, die niemand leugnen kann, und zwar darüber, was Jesus getan und was nicht. Einige bewundernswerte und gute Menschen haben den Unterschied zwischen dem Eintreten für ihre Kirche und dem Eintreten für das Christentum noch nicht gelernt; zwischen der Verteidigung ihrer eigenen Vorstellungen und der Darlegung der Lehren Jesu. Und nicht wenige verwechseln ihre Vorstellungen von Gott mit der Tatsache seiner Existenz, während andere ihre Inspirationstheorie mit der göttlichen Autorität der Heiligen Schrift verwechseln.

Unsere Art zu unterrichten ist die eines Mannes. Wenn es das Beste ist, was wir tun können, lasst uns zufrieden sein; Wenn nicht, lasst uns unseren Weg ändern. Aber lasst uns unseren Weg nicht verteidigen, indem wir uns auf sein Beispiel berufen; lasst uns unserem Weg folgen, denn es ist unser Weg, wenn es keinen besseren Grund gibt. Es ist sicher, dass die Art und Weise, wie Jesus seine Lehren lehrte und aufrechterhielt, in keiner Weise die Art und Weise eines Mannes war.

Jesus hat kein Buch geschrieben – keine Zeile. Er gründete keine Schule oder andere Ausbildungsstätte; Sein dreijähriger liebevoller und sorgfältiger Umgang mit seinen Schülern war zwar eine Ausbildung, aber keine Institution. Das bedeutet nicht, dass seine Freunde solche Dinge nicht tun sollten; es ist die einzige Möglichkeit, die sie tun können: aber er hat solche Dinge nicht getan.

Er gründete nicht einmal eine Kirche; die Kirche entstand sowohl aus seinem Leben als auch aus seinen Lehren; es wurde durch die Sympathie von Männern, Frauen und kleinen Kindern mit gemeinsamen Überzeugungen und Hoffnungen verdichtet; vor allem durch die Sympathie, die aus einer gemeinsamen Liebe zu ihm entstand – damals wie heute weitaus mehr als durch das, was sie von seinen Lehren verstanden oder glaubten. Er hinterließ der Leitung der Kirche „keine Ordnungsregeln", kein Buch der „Disziplin". Er ordnete keine Form der Kirchenregierung an, „mit Gewalt und Gewalt", wie auch immer. All diese Dinge mögen gut sein und Ordnung in der Regierung schaffen ist notwendig; aber er hat sie nicht bereitgestellt. Er überließ all diese Dinge dem gesunden Menschenverstand und dem besten Urteilsvermögen seiner Jünger, geleitet von der Vorsehung und dem Heiligen Geist. Sowohl in der Kirche als auch im Staat gilt das Prinzip: Gott ordnet die Macht an; er schreibt die Form nicht vor; Er ordnet die Regierung an, überlässt ihre Form jedoch dem gesunden Menschenverstand und den persönlichen Vorlieben derjenigen, die unter ihr leben sollen.

All diese Dinge, die wir hier erwähnt haben, gehören zu den Werken und Wegen der Menschen; Sie sind gut oder schlecht, da sie den Zielen seines Königreichs dienen. Obwohl Moses ein inspirierter Gesetzgeber und doch ein bloßer Mensch war, gab er viele Formen und ordnete die Reihenfolge vieler Dinge an; Jesus, der göttliche Mensch, gab nichts.

In nichts ist Jesus den Menschen unähnlicher als in seiner völligen Missachtung von „Formen" bei der Erfüllung der von ihm auferlegten Pflichten. Er hat kein Wort über Formen außer den schrecklichen Worten, die er über die vielen Formen benutzte, die von gewissen Pharisäern und Heuchlern, die Religion spielten, gewissenhaft eingehalten wurden. Sein

Leben war voller Anbetung, aber er hinterließ keinen Hinweis auf irgendwelche Formen oder Haltungen der Hingabe. Das einfachste und umfassendste aller Gebete, „Vater unser im Himmel", ist keine Form; Er sagte: „Betet auf diese Weise." Das Gebet kann jede Form von Worten annehmen oder alles weglassen Worte unausgesprochen. Und dieses Gebet gab er seinen Jüngern als Antwort auf die Bitte um ein Formular. Jesus hatte keine Formen; er kümmerte sich um nichts.

Jesus kümmerte sich auch nicht um den „Brief", außer wegen der Gefahr, dass gute Männer ihn zum Fetisch machen könnten. Er sagte über den „Brief, er tötet "; „Der Geist gibt Leben." Der Geist ist alles , der Buchstabe nichts. Wenn wir von ihm die Sprache verwenden würden, die auf den Fall eines Mannes zutrifft , würden wir sagen: „Jesus betrachtete die sorgfältige Beschäftigung mit „Formen" und dem „Buchstaben" als bloßes Kinderspiel, dass er solch eine ungeistliche Torheit verachtete."

Fest steht: Das Einzige, was er in einem fast zornigen Ton anprangerte, war die eifrige Einhaltung der Form und des Buchstabens und die scheinheilige Zufriedenheit mit diesem dürftigen Ersatz für die Religion, als der Geist der Anbetung und des Gottesdienstes tot war. Es wird uns umso klarer, dass er weit davon entfernt war, eine Männerart zu sein, wenn wir uns daran erinnern, dass bei Männern eine Institution umso mehr Wert auf bloße Form und Buchstaben legt, je weniger Geist und Wirklichkeit sie hat. Ein geistig toter Mann wird eifriger über die Form einer Pflicht streiten als über die Pflicht selbst. Und das ist nicht unnatürlich; Wenn eine Kirche tot ist, bleibt nichts als Form übrig – ein Körper, der zur Beerdigung bereit ist.

Was für tolle Worte Jesus in dem verwendete, was er sagte von solchen Dingen! Hören wir ihn und versuchen wir zu verstehen, wie viel er uns heute bedeutet:

„Wehe euch, ihr Schriftgelehrten und Pharisäer, ihr Heuchler! Denn ihr zahlt den Zehnten von Minze, Anis und Kreuzkümmel und habt die wichtigeren Dinge des Gesetzes, des Urteils, der Barmherzigkeit und des Glaubens unterlassen. Das hättet ihr tun sollen und das andere nicht unterlassen.

„Ihr blinden Führer, die ihr eine Mücke aussiebt und ein Kamel verschlingt.

„Wehe euch, ihr Schriftgelehrten und Pharisäer, ihr Heuchler! Denn ihr reinigt das Äußere des Bechers und der Platte, aber innen sind sie voller Erpressung und Übermaß.

„Wehe euch, ihr Schriftgelehrten und Pharisäer, ihr Heuchler! Denn ihr seid wie weiß getünchte Gräber, die zwar äußerlich schön aussehen, aber innen voller Totengebeine und aller Unreinheit sind."

Wäre Jesus nur ein Mensch gewesen und hätte große Pläne zur Verbreitung seiner Lehren und zur Aufrechterhaltung seines Königreichs geschmiedet, hätte er alles getan, was er nicht getan hat. Er hätte sich auf Gewalt, Geld, Diplomatie und Argumentation verlassen. Er hätte darüber nachgedacht, was menschlicher Egoismus ist, und er hätte sich darauf berufen. Er hätte Institutionen bereitgestellt und Schulen gegründet. Es hätte eine „Propaganda" gegeben, die die Welt umspannte in seinen Plänen, und seine Agenten wären nach der Art und Weise der Menschen in Formen und Methoden geschult worden. Er hätte, um in seinen Plänen auch nur einem Menschen ähnlich zu sein, ein System der „Ethik" oder „Theologie" verlassen. Er hätte ein „Glaubensbekenntnis" formuliert; er hätte eine „Verfassung" mit „Satzungen" für seine Kirche ausgearbeitet, in der alle Grundsätze dargelegt und gemäß der ihm gegebenen Weitsicht für alle Eventualitäten gesorgt worden wäre, wie es John Wesley mit seinem Discipline and Legal Hundred tat. (Kann man sagen, dass diese Illustration keine Widerspiegelung des großen und guten englischen Reformators ist, der ein bloßer Mensch war?) Er hätte sich strenge Bräuche und Zeremonien vorgenommen, von denen er keine hatte, und auch keine vorgeschrieben, schon gar nicht den Menschen zu sagen, wie sie sich in Bezug auf die Sakramente verhalten sollten – die Taufe und das Gedächtnismahl.

Normale Männer tun solche Dinge immer. Jesus hat sich bei keiner seiner Arbeiten und Plänen an die Art und Weise eines Menschen gehalten, es sei denn, wir nehmen diejenigen außer Acht, die von ihm etwas über die göttliche Kunst gelernt haben, den Seelen und Körpern der Menschen Gutes zu tun.

KAPITEL XIII.
„JESUS CHRISTUS ging den Weg des Untergangs."

WENN Jesus nur ein Mensch war, gibt es noch eine weitere wunderbare Sache, an die Sie vor dieser Zeit gedacht haben müssen. Er sprach von einem Königreich, das für immer bestehen sollte, das die Welt erobern und die Menschheit in einer heiligen Bruderschaft vereinen sollte; aber er bereitete sich nicht auf einen Nachfolger vor. Er rechnete damit, früh zu sterben, was auch der Fall war; er sagte seinen Jüngern immer wieder, dass er nicht lange bei ihnen bleiben würde; aber er sorgte für kein repräsentatives oder sichtbares Oberhaupt, als er weg war. Die Idee eines solchen Vertreters kam nicht in allen seinen Gedanken vor, da sie in keinem seiner Worte angedeutet wurde. Napoleon zeigt uns den Weg eines Mannes in seiner eifrigen Sorge um einen Nachfolger und in der grausamen und bösen Methode, mit der er seine Ziele durchsetzte.

Was Jesus nicht angeordnet und verlangt hat, dürfen die Menschen bei seiner Arbeit anwenden, wenn ihre Methoden an sich gut sind und mit dem Geist seines Reiches vereinbar sind. Aber was er nicht verlangte, durften die Menschen nicht von seinen freien Kindern verlangen.

Was Pläne anbelangt, die von Menschen als Pläne erkannt werden können – von einer Art, die sie zugeben werden, wenn sie glauben, er sei nur ein Mensch –, gab es nur eine Sache, die er tat und befahl. Er rief ein paar Fischer und andere einfache Leute – die von einigen als „untere Klassen" bezeichnet werden – um sich und sagte im Wesentlichen: „Geht auf und ab durch die Erde und erzählt allen, was ihr mich gesehen habt und was ihr getan habt." habe mich sagen gehört; Erzähl den Leuten von mir; Sagen Sie ihnen, sie sollen die Geschichte weiter wiederholen. Sag ihnen, sie sollen es im Laufe der Jahrhunderte weitergeben und es immer wieder erzählen."

Das sind genau die Worte: „Mir ist alle Macht gegeben im Himmel und auf Erden. Geht nun hin und lehrt alle Nationen, indem ihr sie auf den Namen des Vaters, des Sohnes und des Heiligen Geistes tauft. Lehre sie, alles zu befolgen, was auch immer ich dir geboten habe; Und siehe, ich bin immer bei euch, bis ans Ende der Welt."

Einfache Männer, die große und gefährliche Unternehmungen unternehmen, verbergen vor ihren Anhängern die Nöte und Gefahren, die sie erwarten; Sie erzählen ihnen von Siegen und Belohnungen. Das Gleiche galt für die Genuesen, die eine Mannschaft zusammenstellten, die ihm dabei helfen sollte, eine neue Welt zu finden. Das gilt auch für alle rein menschlichen Führer. Und in einem solchen Fall hat noch kein einfacher Mensch die Schwierigkeit und Gefahr klar erkannt des Unternehmens; Wenn die Menschen die Mühen und Schwierigkeiten, die zwischen ihnen und dem Erfolg liegen, klar erkennen könnten, würden sie sich niemals auf ein großes und gefährliches Unternehmen einlassen. Aber Jesus erkannte alle Gegensätze, die sich ihm in den Weg stellten, und erzählte seinen Jüngern im Gegensatz zu jedem anderen Führer, der je gelebt hatte, was sie erwartete. Mit Worten wie diesen sprach er zu seinen Jüngern:

„Siehe, ich sende euch wie Schafe inmitten der Wölfe. Seid also weise wie Schlangen und harmlos wie Tauben. Aber hüte dich vor den Menschen! Denn sie werden dich den Räten ausliefern und dich in ihren Synagogen geißeln; Und ihr werdet um meinetwillen vor Statthalter und Könige gebracht werden, um gegen sie und die Heiden Zeugnis abzulegen ... Und ihr werdet um meines Namens willen von allen Menschen gehasst werden; wer aber bis ans Ende ausharrt, wird gerettet werden. .. Der Schüler steht nicht über seinem Herrn, noch der Diener über seinem Herrn. Wenn sie den Herrn des Hauses Beelzebub genannt haben, wie viel mehr sollen sie dann die Mitglieder seines Hauses nennen? ... Wer sein Kreuz nicht auf sich nimmt und mir nachfolgt, ist meiner nicht würdig. Wer sein Leben findet, wird es verlieren; und wer sein Leben um meinetwillen verliert, wird es finden."

Denken wir an all das. Solch ein Ziel, solch ein Plan, solch ein Anspruch, solch ein Versprechen! Wenn Jesus nur ein Mensch wäre, wäre das Wahnsinn, es sei denn, wir würden seine Aufrichtigkeit anprangern.

Doch mit vollkommener Einfachheit, vollkommener Gelassenheit und vollkommenem Vertrauen verlässt sich Jesus auf einen Plan wie diesen. Es ist überhaupt nicht die Art eines Mannes; Es geht nicht nur über den Weg eines Menschen hinaus, es ist ihm auch unähnlich, ihm fremd und für einen einfachen Menschen unmöglich.

Wie planen Männer? Geschichte lesen; Schau dich um. Das lässt sich leicht aus Büchern herausfinden; Wenn man weiß, wie man Männer erkennt, ist es einfacher, dies durch Beobachtung herauszufinden.

Alexander, Cäsar, Mohammed, unter Kriegern und Eroberern; Richelieu, Macchiavelli, Jefferson, Hamilton, Disraeli, Bismarck, unter den Staatsmännern und den Männern, die sich mit Staatskunst auskennen; die Väter und Päpste, Ignatius Loyola, Luther, Calvin, Wesley, unter den Kirchenmännern – sie zeigen uns die Methoden der Menschen. Wenn wir das Leben der hier genannten und anderer ihrer Art studieren, werden wir viele und unterschiedliche Pläne finden – weise und dumm, gut und schlecht – aber sie zeigen den Weg eines Mannes.

Wenn Sie sich eher eine Parallele wünschen, denken Sie an die Pläne derer, die Hunderten von Millionen den sogenannten Buddhismus oder Konfuzianismus angeeignet haben. Oder denken Sie an den

Mohammedanismus. In diesen Systemen sehen wir die Handarbeit von Menschen. Die Autoren Einige dieser Systeme erkennen die gewöhnlichen Einflüsse, die das Verhalten der Menschen bestimmen, und nutzen sie mit seltener menschlicher Geschicklichkeit. Diese beschäftigen Agenturen, die Jesus ablehnt; sie appellieren an Motive, die er ignorierte; Anreize anbieten, die er völlig ablehnte; sie planten, wie die Menschen alles, was sie taten, planten. Was Pascal tatsächlich sagt, indem er Christus und Mohammed vergleicht, können wir von Christus und jedem anderen Religionsgründer sagen: „Wenn Mohammed nach menschlichen Berechnungen den Weg des Erfolgs eingeschlagen hat, hat Jesus Christus den Weg des Untergangs eingeschlagen." menschliche Berechnungen."

Jesus hat nie versucht, die stärksten Strömungen der menschlichen Natur zu nutzen, um seine Ziele zu sichern; Sein Ziel erforderte, dass er diese Tendenzen aufhielt und umkehrte. Er war sich der Kräfte bewusst, die in der menschlichen Natur eingeschlossen sind; Kein Mensch hat jemals so tief in das Herz gelesen und so absolut „wusste, was im Menschen ist". Wie kein anderer, der den Menschen jemals die Wahrheit lehrte, kannte Jesus die Kraft des Stroms, der auf ihn niederprasselte – den Niagara, den seine Sache erklimmen musste.

Wenn Jesus nur ein Mensch war, wie kam es dann, dass die Methoden, die er anwandte, den Methoden der Menschen so unähnlich waren, wie das Ziel, das er anstrebte, anders ist als das Ziel, das sich jemals ein Mensch vorgestellt hatte? Wie kam es, dass er in seinen Plänen alles tat, was a Der Mensch würde es nicht tun, und nichts – wie die gesamte Geschichte bezeugt – würde ein Mensch tun?

Diese Seiten dienen nicht der Ermahnung; Aber wäre es für die Sache, für die sie stehen, nicht in jeder Hinsicht besser, wenn seine Freunde die Pläne Jesu mehr und ihre eigenen Pläne weniger studieren würden?

Versetzen wir uns in unserer Vorstellung in die Gesellschaft dieser wenigen treuen Freunde, Männer und Frauen – die zu den bescheidenen und unbekannten Menschen gehörten – unter denen, die seinen Auftrag erhielten, „alle Nationen zu Jüngern zu machen", und schauen wir uns um und überlegen, was da ist unsere Erfolgsaussichten.

Welcher vorherrschende Einfluss in der Welt ist der Sache unseres Herrn und Meisters wohlwollend? Die einzigen Menschen, die an den Herrn Gott glauben, haben Jesus gekreuzigt. Die Römer sind Herren nicht nur in der heiligen Stadt, sondern in der ganzen Welt, die wir kennen, und die römische Macht hat gerade den Tod Jesu genehmigt. Die Griechen geben der Welt immer noch Philosophie und Kunst, aber unter den Griechen herrscht keine Sympathie für die Lehren und das Werk Jesu. Niemand befreundet sich mit seiner Sache; seinen Jüngern wird keine Hand ausgestreckt; Die Welt ist gegen seine Sache und um seinetwillen gegen uns, seine Jünger.

Wenn man alles aus der Sicht eines Menschen betrachtete, gab es dann eine einzige menschliche Wahrscheinlichkeit, dass die Ursache, die der gekreuzigte Galiläer darstellte, die Ursache sein würde? geringster Platz in der Geschichte? Dass es eine einzige Generation lang unter den Menschen bleiben würde? Wenn Jesus nur ein Mensch wäre, könnte irgendetwas, was sich der menschliche Geist vorstellen kann, unmöglicher sein als die Verwirklichung des Traums (wenn er nur ein Mensch wäre, wäre es nur ein Traum) dieses Mannes aus Galiläa, der wie ein Schwerverbrecher gekreuzigt wurde?

Kein Wunder, dass bestimmte Männer, als Jesus noch unter ihnen war, „ihn verspotteten".

KAPITEL XIV.
SEIN GRIFF AUF DIE MENSCHHEIT.

ALSO Bisher haben wir den Charakter und das Werk Jesu, wie er in den Evangelisten dargestellt wird, studiert, so wie wir auch jeden anderen Charakter dieser Zeit studieren würden. Wir haben Jesus noch nicht so betrachtet, wie er jetzt die Welt beeinflusst – eine Präsenz und Kraft unserer Zeit.

Als die Wissenschaftler die Unzerstörbarkeit der Materie bewiesen, als sie die Lehre von der Energieerhaltung entdeckten und uns zeigten, dass die Kohle, die Millionen von Häusern heizt und die Maschinen an Land und im Meer antreibt, nichts weiter als gespeicherte Sonnenstrahlen aus unzähligen Jahrhunderten sind Sie zeigten uns, dass die Natur trotz all ihrer wunderbaren Veränderungen nichts von ihrer Substanz verliert. Mit dieser großartigen Formulierung des Naturrechts haben die Wissenschaftler einen zweitrangigen, aber wichtigeren Dienst geleistet; Sie haben uns ein Symbol aus materiellen Dingen gegeben, eine Veranschaulichung eines Gesetzes der höheren Sphäre. In der spirituellen Welt geht nie etwas verloren.

Ein Gedanke, der Leben und Wahrheit in sich trägt, kann, wenn er einmal in Gang gesetzt wurde, genauso wenig verloren gehen wie ein Tropfen Wasser Auf die Felder fallende Gegenstände können verloren gehen. Professor Harrison aus England hat mit seiner Doktrin der posthumen Unsterblichkeit soweit Recht. Er sieht einen Teil einer Wahrheit und bringt sie gut zum Ausdruck. Welche Kraft auch immer in jedem menschlichen Leben vorhanden sein mag, sie bleibt im menschlichen Leben. Möglicherweise sind wir nicht in der Lage, ihn aufzuspüren, so wie wir möglicherweise nicht den identischen Tautropfen aufspüren, der heute Morgen auf dem Gras glitzerte und der, von der aufgehenden Sonne ausgeatmet, jetzt aus unserem Blickfeld, aber nicht aus der Existenz, verschwunden ist.

Es kann durchaus sein, dass die Einflüsse, die unser Leben geprägt haben – und uns zu dem gemacht haben, was wir heute sind –, auf irgendeine Weise aus vielen tausend Leben zu uns gekommen sind. Im wahrsten Sinne des Wortes Moses, David, Paulus, Sokrates, Platon, Augustinus, Shakespeare, Bacon, Milton, Luther, Calvin, Wesley und viele andere – vor allem unsere Eltern und Lehrer – all dies und möglicherweise noch unzählige weitere unbenennbar, lebe heute in uns. Das meinte Froude, als er über Martin Luther schrieb: „Kein Mensch unserer Zeit ist das, was er ohne Luther gewesen wäre." Dies ist wahr, weil Luthers Leben so sehr in die Einflüsse unserer Zeit eingebunden ist, dass sich kein Mensch, der jemals mit ihm in Berührung gekommen ist, diesem Einfluss entziehen könnte.

Und nur wenige sind ihm entkommen; keine der europäischen Nationen, keine der Nationen, die in irgendeine Art von Beziehung zum Christentum gebracht wurden und die Zivilisationen, die daraus hervorgegangen sind; wenige, wenn überhaupt, von dem, was wir heidnische Nationen nennen; denn die Einflüsse von Luthers Leben und Lehren sind in der Missionsbewegung unserer Zeit zu finden, die nun verspricht, für diese Nationen das zu tun, was das Aufkommen des Christentums in den ersten Jahrhunderten unserer Zeitrechnung für Europa, Ostasien und Nordafrika bewirkte – so verändert sie, um eine neue Epoche in der Geschichte zu schaffen; wir könnten sagen, eine neue Welt.

Was für einen Mann wie Luther gilt, gilt in gewissem Maße – weniger umfassend mag es sein, weniger real kann es nicht sein – für jedes Leben, das vor uns gegangen ist und das in irgendeiner Weise in unser eigenes Leben eingedrungen ist.

Es wäre einfach, Illustrationen anzubieten. Betrachten Sie Francis Bacon – vielleicht noch mehr Roger Bacon – in Bezug auf die wissenschaftlichen Methoden unserer Zeit. Denken Sie an Shakespeare, nicht nur in der Poesie, sondern in der gesamten Literatur; oder von Kant, Spinoza, Locke in der Philosophie; Calvin, Wesley und die anderen in Theologie und moralischen Reformen. Oder denken Sie an die Künstler und Erfinder, die großen Soldaten und Staatsmänner. Sie können leicht eine sehr lange Liste von Namen menschlicher Leben erkennen, die vor uns gingen und jetzt in uns leben. Die Liste zeigt Namen, die für vielfältige und antagonistische Elemente stehen; Aber all dies tritt in unser Leben ein, genauso wie, um zu unserem Beispiel aus der Welt des Wassers zurückzukommen, das reine Wasser aus den Wolken, das darin glitzert Bergquellen, die aus Sümpfen und allen möglichen hässlichen Orten faulig und stinkend sind, gehen möglicherweise in die Bestandteile des Tautropfens ein, der die Sonne auf jedem Grashalm auf den Feldern reflektiert.

Es ist nichts Besonderes für das Leben von Jesus von Nazareth, dass sein Einfluss in der Geschichte der Menschheit bestehen bleiben sollte. Jedes menschliche Leben, das bescheidenste und unwürdigste, bleibt so bestehen. Aber der Einfluss Jesu unterscheidet sich von dem anderer Männer. Ich spreche jetzt nicht von Grad, sondern von Art. Als seine Denk- und Lehrmethode; So wie die Arbeit, die er zu tun vorhatte, und die Pläne, die er annahm, ihn von einfachen Menschen unterscheidet, so unterscheidet ihn auch die Geschichte des Einflusses, der von ihm auf das Leben ausstrahlte und so die moderne Zivilisation begründete, und so unterscheidet ihn jetzt auch der Charakter seines Einflusses von gewöhnlichen Menschen Männer.

Es würde zu weit führen, wenn die Gestaltung dieser Diskussionen jetzt auf das Thema der Beziehung Jesu zur Geschichte seiner Zeit eingehen würde. Unser Kalender lässt das Ausmaß und die Macht dieses Einflusses erahnen; wir zählen die Zeit von seiner Geburt an; Wir schreiben das Jahr 1889 n. Chr. Dieser Einfluss hat Einzug in alles gehalten, was die Welt unserer Zeit ausmacht. Die Geschichte dieses Einflusses ist die Geschichte der christlichen Ära.

Wir werden den Einfluss Jesu betrachten, da er eine Frage der Beobachtung und des Bewusstseins sein kann.

Bedenken Sie die Macht der Lehren Jesu auf das menschliche Gewissen. Das ist für mich ein wachsendes Wunder. Die Worte anderer Männer stimulieren das Gewissen bis zu einem gewissen Grad, aber nur, wenn sie seine eigenen widerspiegeln oder mit ihnen harmonieren. Das ist so seltsam wahr, dass keine Worte eines Lehrers das Gewissen erregen – außer zu protestieren –, die Jesus verärgern und ihm widersprechen. Hier besteht keine Gefahr der Übertreibung oder des Dogmatismus; Es ist völlig sicher und völlig fair zu sagen, dass keine Lehre über Gott oder den Menschen, über Recht und Unrecht, die die Lehren Jesu ablehnt oder leugnet, irgendeine Macht über das menschliche Gewissen hat. Andere Worte und Lehren können den Intellekt anregen und ihn beherrschen; kann die Fantasie anregen und die Emotionen wecken; aber wenn sie im Widerspruch zu seinen Lehren und seinem Leben stehen , haben sie keinen Überblick über die moralische Seite des Menschen.

Es ist einfach, das Experiment durchzuführen und es schlüssig durchzuführen. Lesen Sie Bücher, die seinen Lehren widersprechen – die darauf abzielen, sie zu stürzen. Wenn Sie mit Offenheit lesen , habe ich keine Angst davor, dass Sie lesen, was seine schärfsten Feinde sagen. Nehmen wir Voltaire, wo er die Bibel lächerlich macht; Paine, in dieser Broschüre mit dem sehr falschen Namen „ *Das Zeitalter der Vernunft*" ; Hume, in seinen Spekulationen über Vorsehung, Wunder, Inspiration und die gesamte agnostische Literatur unserer Zeit. Diese Schriften greifen nicht auf die Gewissen, es sei denn, sie könnten es schwächen oder lähmen; Sie stärken nicht das Ziel, das Richtige zu tun, bestätigen kein Gefühl persönlicher Verpflichtung und stärken nicht den Willen, das Richtige zu tun. Machen Sie das Experiment mit den Worten von Menschen, die Jesus widersprechen oder ihn ablehnen, den leichtesten und gewichtigsten, den albernsten und subtilsten; bloße Plattformdeklamationen oder die nüchterne wissenschaftliche Verehrung des Materialismus, der keinen Geist kennt – Mensch, Engel oder Gott. Erweckt eine davon unser Gefühl der Verpflichtung zu hohen Pflichten? Verdeutlicht einer von ihnen unsere Wahrnehmung von Pflicht? Ist unsere Liebe zur Tugend stärker? Unser Hass auf das Böse ist intensiver ? Alle, die das Experiment gemacht haben, mögen für sich selbst antworten.

Ich sage nicht, dass nur die Worte Jesu Einfluss auf das Gewissen haben; das wäre nicht wahr. Es gibt Passagen bei Seneca, bei Epiktet, bei Sokrates, bei Platon, bei Konfuzius, in den Worten vieler alter Weiser und moderner Lehrer, die das Gewissen berühren. Ihr Shakespeare wird viele Illustrationen liefern. Das gilt auch für George Eliot, Hawthorne und viele andere Schriftsteller. Aber diese Dinge sage ich mit absoluter Sicherheit:

1. Keine Worte oder Lehren eines Schriftstellers oder Lehrers, egal welchen Alters, die den Worten Jesu entgegenwirken oder sie ablehnen, haben Macht über das Gewissen.

2. Diese Worte und Lehren von Männern, die niemals Die Menschen, die Jesus wussten – wie Sokrates, Konfuzius und andere –, beeinflussen das Gewissen am meisten durch ihre Worte und Lehren, die am meisten mit den Lehren und dem Charakter Jesu übereinstimmen. Alles Licht ist gut, aber das, das dem Sonnenlicht am nächsten ist, ist am besten.

3. Die Worte und Lehren derjenigen, die Jesus kennen, die das Gewissen am stärksten beeinflussen, sind diejenigen, die seine Worte am vollkommensten widerspiegeln.

Darüber hinaus gilt: Die Worte und Lehren Jesu berühren nicht nur das Gewissen wie kein anderer; sie erhellen das Gewissen. Andere mögen das Gewissen bis zu einem gewissen Grad beeinträchtigen, lassen es aber hinsichtlich der Richtigkeit und Unrichtigkeit der Dinge im Schatten. Die Worte Jesu – sobald ihre Bedeutung verstanden wird –, wenn sie auf jeden konkreten Fall von Recht und Unrecht angewendet werden, erwecken nicht nur die Sensibilität des Gewissens, so dass das Gefühl der Verpflichtung, das Richtige zu tun und Unrecht zu vermeiden, am ausgeprägtesten und unverkennbarsten ist, sondern dies auch Wahr ist auch: Das Licht, das seine Worte auf die betreffende Frage werfen, macht deutlich, was richtig und was falsch ist.

Hier gibt es etwas, das sich einer Analyse entzieht, etwas, das sich nicht in logischen Formen fassen lässt. Nehmen Sie jede Lehre, die Jesus lehrte und vorlebte. Es kann um Wahrheit, Ehrlichkeit, Keuschheit, Nächstenliebe gehen. Lesen Sie es, sehen Sie, was es bedeutet, wenden Sie es auf Ihren Fall an, und das Gewissen sagt „Amen" dazu, und zwar in diesem Augenblick. Das Gewissen empfängt es, wie die Vernunft ein Axiom empfängt. Angesichts der Tatsachen brauchen Sie nur seine Tests anzuwenden, und in diesem Moment wissen Sie nicht nur, was in diesem Fall richtig und was falsch ist, sondern nicht nur, dass Sie nicht nur annehmen, nicht nur denken. Wenn es keinen anderen Grund gäbe, gäbe es hierin Grund genug, dem Mann aus Galiläa zu folgen, wohin er auch führt.

Ich fordere Sie auf, bei den Prüfungen, die auf Sie warten, das zu nutzen, was ich unter vielen Lebens- und Handlungsbedingungen ausprobiert habe, als Methode, um Recht und Unrecht herauszufinden und Pflichten zu bestimmen. ein äußerst einfaches Handlungsprinzip – eines, das mich nie einen Moment im Stich gelassen oder im Zweifel gelassen hat. Es ist mehr wert als alle Überlegungen, als alle Kasuistikbücher, als alle Ratschläge von Freunden; ja, es ist besser, als nur um ein neues Licht oder eine andere Offenbarung zu beten als um die, die gekommen ist, um jeden Menschen zu erleuchten, der in die Welt kommt. Es geht um die Frage: „Was lehrt Jesus hier?" Was würde er sagen, wenn er sprechen würde? Was würde er tun, wenn dies sein Fall wäre?"

Fehlurteile, viele und schwerwiegend; Versäumnisse, dem Licht, das der Meister gibt, gerecht zu werden, sind schwerwiegender als alle Fehlurteile – diese Dinge bekenne ich voller Trauer und mit bitterer Scham; Aber um der Wahrheit willen, um meines Gewissens willen, Und um meines Herrn willen muss ich so viel sagen, und ich kann nicht weniger sagen: Noch nie habe ich gefragt: „Was würde er tun?" aber dass das Licht strahlend und alles offenbarend schien und das Richtige und das Falsche klar und deutlich hervortraten, wie wenn elektrische Lichter um uns herum leuchten, und ich wusste, was ich tun und was nicht tun sollte.

An diesem Punkt können wir einen Moment auf das zurückkommen, was wir bisher teilweise betrachtet haben: Die Fülle, die Vollständigkeit seiner Lehren unterscheidet ihn von allen anderen.

Es gibt bei keinem anderen Lehrer eine solche Grundsatzerklärung, dass man außerhalb seiner Lehren nicht ein einziges ethisches Prinzip finden könnte, das er nicht gelehrt hat. Andere Lehrer geben uns viele ethische Grundsätze; Gibt einer von ihnen alles? Jesus tut es, obwohl er kein Buch geschrieben und kein System ausgearbeitet hat; obwohl wir nur wenige seiner Worte aufgezeichnet haben. Was ich frage, ist Folgendes: Gibt es in irgendeinem Lehrer einer Nation einen einzigen Grundsatz von Recht und Unrecht, den das Wahlrecht der Rasse genehmigen könnte, den Jesus nicht lehrt? Gibt es einen einzigen Grundsatz Jesu in Bezug auf Recht und Unrecht, den das Wahlrecht guter Männer als falsch verurteilen kann? Die Menschen mögen seine Lehren tatsächlich ablehnen und ihnen mit bitterstem Hass entgegentreten, aber welche von ihnen – die Geringste oder die Größte – können sie als unmoralisch und falsch erweisen?

Da alle Farben potentiell im Reinen enthalten sind weißes Licht, und wie die Zusammensetzung aller Farben das reine weiße Licht erzeugt, so enthalten die Lehren Jesu im Prinzip alle Formen ethischer Wahrheit, die jemals in den Köpfen der Menschen waren. Aber hier versagt die Analogie. Alle ethischen Wahrheiten, die alle anderen gelehrt haben, ergeben zusammengenommen nicht die Gesamtsumme seiner Lehren; einige Farben fehlen ihnen; Zusammen ergeben sie nicht das reine weiße Licht der Evangelien.

Kapitel XV.
WAS ER FORDERT UND FORDERT.

ES gibt eine für Jesus persönliche Tatsache, die nicht nur eine entscheidende Rolle in dieser Argumentation spielt, sondern mehr als alles andere die Macht seiner Worte auf das Gewissen erklärt: was von Anfang an in einer anderen Beziehung betrachtet wurde – die Vollkommenheit seines eigenen Charakters ; seine Sündenlosigkeit: seine absolute Reinheit.

Eine vollkommene Lehre wird zweifellos das Gewissen beeinflussen, aber eine vollkommene Lehre, die von jemandem geäußert wird, der ein heiliges Leben führt, hat die zehnfache Kraft der bloßen Darlegung einer Lehre. Und es ist nicht einfach so, dass der Hörer vor einer Lehre eines inkonsistenten oder unaufrichtigen Menschen zurückschreckt, weil er inkonsistent und unaufrichtig ist, sondern ein solcher Mann kann die Wahrheit nicht einmal in ihrer Fülle aussprechen; er kann die Wahrheit nicht in ihrer Vollständigkeit begreifen.

Wenn Jesus eine Wahrheit ausspricht , berührt sie das Gewissen und das Leben nicht nur, weil es die Wahrheit ist, sondern weil er die „Wahrheit und das Leben" ist. Sein Gewissen geht mit dem Wort ein und es dringt in unser Gewissen ein. Es war diese Eigenschaft in ihm, Mehr als alles andere veranlasste er seine Zuhörer, als die Bergpredigt zu Ende war, „sich über seine Lehre zu wundern, denn er lehrte sie wie jemand, der Autorität hat." Es geht mehr darum, eine Wahrheit zu leben, als etwas über eine Wahrheit zu lernen, die dem Lehrer Autorität verleiht.

Ein anschaulicher Vorfall kann uns hier helfen. Der verstorbene Herr Wray war ein Baptistenmissionar in Indien. Er war ein Mann von bekannter Konstanz seines religiösen Charakters. Einem Kind, das ihn gut kannte, wurde die Frage gestellt: „Was ist Heiligkeit?" Ein Mann hätte getan, was so viele mit beklagenswertem Scheitern tun, und eine „Definition" versucht; Das Kind antwortete: „Heiligkeit ist die Art, wie Mr. Wray lebt." Das Kind war fast, wenn nicht ganz, am Ende des Themas.

Der Lernende in der Schule Jesu kann hier eine Wahrheit von höchster Bedeutung finden. Es ist zweierlei: 1. Der beste Weg, mehr Wahrheit zu erfahren, besteht darin, die Wahrheit zu leben, die er kennt. 2. Der einzige Weg, die Wahrheit in der Moral und in den spirituellen Dingen richtig zu lehren, besteht darin, sie zu leben. Religion glaubt wie die Wissenschaft an Experimente und lehrt anhand von Fakten. Die inkarnierte Wahrheit ist die Wahrheit, die Leben in sich trägt. Es wird mit Ehrfurcht gesagt, aber mit Zuversicht lehrt Jesus, was geistliches Leben ist, mehr indem er es lebt, als durch seine Worte. Sein Leben legt seine Lehre dar, und ohne sein Leben könnten wir seine Lehren nicht verstehen.

Probieren Sie das Prinzip durch irgendeinen Test von ihm aus. Er lehrt uns zum Beispiel, dass Vergebung eine Pflicht und Rache eine Sünde ist. Was meint er? Was er getan hat. Sie erinnern sich an sein letztes Gebet: „Vater, vergib ihnen; sie wissen nicht, was sie tun." Er lehrt uns, unsere Feinde zu lieben. Was meint er? Was er getan hat; Er segnete sie immer, wenn er konnte. Er lehrt, dass wir Gott am besten dienen, indem wir Menschen Gutes tun, und dass der beste und einzige Beweis dafür, Gott zu lieben, darin liegt, Menschen zu lieben. Was meint er? Was er getan hat. Es ging ihm immer gut. Und so legt sein Leben seine Lehren dar und ist der einzige sichere und wahre Kommentar zu seinen Worten.

Denken Sie einen Moment über dieses Leben nach. Beginnen Sie in Bethlehem und folgen Sie ihm nach Bethanien, wo er angeblich in den Himmel aufgefahren ist. Dieses Leben ist tadellos und makellos. An Beschimpfungen, Denunziationen, Verleumdungen und Verfolgungen mangelte es ihm nicht. Die Leute nannten ihn einen Trunkenbold und Vielfraß, weil er kein Asket war; Sie sagten, er „hatte einen Teufel", weil sie nicht verstehen konnten, wie jemand etwas tun würde, nur weil es richtig war. Manche nannten ihn einen Wahnsinnigen; „Er ist außer sich", sagten sie, weil er weltfremd war, was sie als „ungeschäftlich" betrachteten, weil sie sich mit ihrem Egoismus und Stolz nicht vorstellen konnten, so zu leben, wie er es tat, es sei denn sie hatten ihren Verstand verloren. Viele hassten ihn damals wie heute, weil er, so wie er ist, ihrer Selbstsucht und ihren Sünden im Wege stand. Böse Menschen können dort, wo er ist, nicht zur Ruhe kommen.

Kein Wunder, dass die vollkommene Lehre eines tadellosen Mannes Macht auf das menschliche Gewissen hat. Bis heute unterstützen gute Männer das Urteil des Pilatus; Böse Menschen können darin keinen Fehler finden.

Charakter genauer betrachten, werden wir Eigenschaften entdecken, die ihn deutlich und unverkennbar von gewöhnlichen Menschen unterscheiden. Wir sehen in ihm keinen Fehler, den wir als mit seinem Leben in Zusammenhang bringen könnten; aber wir sehen in ihm zwei Manifestationen aller anderen, die höchst wunderbar sind und außerhalb des Bereichs des bloßen menschlichen Lebens liegen. 1. Es zeigt sich bei ihm nicht das geringste Schuldbewusstsein. 2. In seiner Religion gibt es keine Anstrengung.

Nun erscheinen diese Dinge bei keinem anderen, der aufrichtig ist – der weiß, was sie sind und was Güte ist. Die besten Männer und Frauen sind sich ihrer Fehler bewusst, und die Besten sind sich ihrer am meisten bewusst.

Wenn ein Mann sagen würde: „Ich bin tadellos", würden wir seine Aufrichtigkeit, seinen Verstand, seine Wortkenntnis oder seine Vorstellung von Güte in Frage stellen. Und wir hätten Recht. Kein vernünftiger Mensch, der ein hohes Ideal der Güte hatte und die Bedeutung von Worten kannte, hat jemals Worte gebraucht, die nur zu Jesus passten.

Es ist wie das Ideal eines echten Künstlers: Je besser er ist, desto weniger genügt er seinen eigenen Vorstellungen in dem, was er tut; In der Religion sind sich die Heiligsten also am meisten der Distanz zwischen ihnen und Christus bewusst. Ein Ungläubiger hat gesagt, dass Maria am Grab ihn idealisiert und so das Christentum ermöglicht habe! Er nahm an, dass er die erstaunlichste Tatsache aller Zeiten erklärt hatte. Warum ist nur Jesus das höchste Ideal geworden, das jemals die menschliche Seele erfüllt hat? Dass neunzehn Jahrhunderte ihm nichts hinzugefügt oder ihm nichts genommen haben?

Für den Menschen ist Religion ein Krieg mit der Natur. Das lehrt uns der heilige Paulus. Es war seine Erfahrung; Die heiligsten Männer verstehen dies am besten und bekennen es am offensten. Die Schriften des Paulus sind voll von Begriffen, die Religion aus qualvollen Kämpfen veranschaulichen. Als Jesus selbst die Menschen dazu drängt, das Leben der Religion zu suchen, sagt er: „Strebt danach, durch die enge Pforte einzutreten." Das mit „streben" übersetzte Wort ist die griechische Form unseres Wortes für Schmerz und Konflikt – quälen.

Aber die Religion Jesu war mühelos; In seinem Herzen gab es nie eine Abneigung gegen das Gute. Seine Religion scheint wie die Sonne, weil sie voller Licht ist; es ist ein Entspringen von Quellen, die in seinem Innersten in spontanem und fortwährendem Spiel waren. Er hatte zwar Konflikte, aber mit dem Bösen, das außerhalb von ihm war; es war nichts in ihm.

Die Geschichte seiner Versuchung spricht überhaupt nicht gegen diese Aussage. Er spürte die Wucht des Angriffs von außen, denn es heißt: „Er litt, als er versucht wurde." Aber wenn wir die Geschichte lesen, haben wir das Gefühl, dass sein Widerstand nicht nur richtig, sondern auch natürlich war. Wir sehen so klar, dass wir nie zweifeln; Es gibt in ihm keinerlei Verständnis für das Böse, zu dem er aufgefordert wurde.

Was sagt Jesus über sich selbst zu diesen Dingen? Was beansprucht er für sich? Er sagt zu Pilatus: „Ich bin die Wahrheit." und es schockiert uns nicht, ihn das sagen zu hören. An einer Stelle sagt er: „Ich tue immer den Willen meines Vaters." und wir glauben ihm – nicht nur, dass er glaubt, dass er es tut, sondern dass er es tut. In seinem Versuch, seinen Jüngern das einzig wahre Ideal der Menschheit zu vermitteln, sagt er: „Seid also vollkommen, so wie euer Vater im Himmel vollkommen ist." Dann bietet er sich der Menschheit als Vorbild an, und wir sind überzeugt, dass er das ist, was er sagt, denn wir können „keinen Fehler an ihm finden". Und in all dem erkennen wir vollkommene Aufrichtigkeit, Einfachheit und Demut. Wenn ein einfacher Mensch solche Dinge zu uns sagen würde, würden wir ihn verachten; Die Verachtung der Welt würde ihn aus der Gegenwart der Menschen vertreiben. Aber er sagt solche Dinge und wir finden, dass es richtig ist; es ist die Wahrheit; er ist, was er sagt.

Genauso haben wir das Gefühl, dass ihm das zusteht stellen an uns die gewaltigsten Ansprüche an menschlichen Dienst, Hingabe und Liebe, die jemals in Worte gefasst wurden. Er sagt: „Wenn jemand mein Jünger sein will, der verleugne sich selbst und nehme täglich sein Kreuz auf sich und folge mir nach." „Wer Vater oder Mutter mehr liebt als mich, ist meiner nicht würdig." Alles muss seinem Willen unterworfen sein. Wir müssen Ländereien, Häuser, Eltern, Kinder, Frauen für ihn aufgeben. Nichts im Universum darf zwischen ihm und der treuen, alles aufopfernden Liebe seiner Jünger stehen. Er muss in unseren Herzen an erster Stelle stehen; Was auch immer zwischen ihn und unsere Liebe kommt, verwirkt jeglichen Anspruch auf ihn. Wenn ein einfacher Mensch diese Forderungen stellen würde, würde die Welt ihn verachten, und die Welt hätte Recht.

Aber er erhebt andere Behauptungen, die keinem aufrichtigen und vernünftigen Menschen, der ja auch nur ein Mensch ist, auch nur einen Augenblick in den Sinn kommen könnten. Er beansprucht das Recht, Sünden zu vergeben. Seine Kritiker hatten Recht – sie gingen davon aus, dass er nur ein Mann war. „Warum spricht dieser Mann so Gotteslästerungen? Wer außer Gott allein kann Sünden vergeben?"

Er behauptet nicht nur, wie kein anderer Prophet es jemals getan hat, den ewigen Vater zu repräsentieren, sondern er beansprucht auch eine vollkommene Kenntnis Gottes, die kein normaler Mensch für sich beanspruchen kann. „Alle Dinge sind mir von meinem Vater übergeben; und niemand kennt den Sohn als nur der Vater; Keiner kennt den Vater außer dem Sohn und dem, dem der Sohn es offenbaren will ihn." In der Nacht vor seinem Tod sagte er zu seinen Jüngern: „Euer Herz sei nicht beunruhigt. Ihr glaubt an Gott, glaubt auch an mich."

Er sagt auf viele Arten und an vielen Stellen, dass er in Herkunft und Charakter mehr als ein Mann ist; dass er übernatürlich ist. Er sagt: „Ich und mein Vater sind eins." Er sagt, dass er göttlich ist – dass er Gott ist.

Wenn Jesus nur ein Mensch war, können solche Behauptungen weder mit seiner geistigen Gesundheit noch mit seiner Aufrichtigkeit in Einklang gebracht werden. Augustinus hatte Recht, als er dieses Argument auf die letzte Analyse reduzierte: „ *Christus, si non deus , non Bonus* " – Christus ist nicht gut, wenn er nicht Gott ist.

Kapitel XVI.
JESUS DER EINE UNIVERSELLE CHARAKTER.

BETRACHTET MAN Jesus so, wie er jetzt in der Welt ist, nicht nur in der Geschichte der Evangelisten und in Büchern, sondern im menschlichen Leben, müssen andere Ansichten vertreten werden. Wir können nur Meinungen vertreten; wir können nicht alles sehen, was sie andeuten.

Wir müssen jetzt genauer darüber nachdenken, was wir einen Moment lang in dem Argument betrachtet haben, das uns zu der Annahme zwingt, dass dieser Charakter nicht erfunden werden konnte und dass eine solche Persönlichkeit kein normales Ergebnis des hebräischen Lebens sein konnte: Jesus ist ein Universelles Charakter – der einzige universelle Charakter, der jemals in der Geschichte aufgetaucht ist, der jemals beschrieben wurde, der jemals einen Platz im menschlichen Denken hatte.

Bei Männern gibt es große Unterschiede. Manche sind von so engstirniger und dürftiger Seele, dass sie kaum einen Gedanken oder Mitgefühl haben, das über den kleinen Kreis hinausgeht, in dem sie geboren wurden, in dem sie leben und aus dem sie sich nach ihrem Tod endgültig zurückziehen. Es gibt Leben, die so lokalisiert sind, dass Menschen außerhalb ihrer Sphäre sie nicht verstehen können, und dass Menschen außerhalb ihrer Sphäre sind Die Sphäre kann sie nicht verstehen. Für jeden begrenzten Dialekt in der menschlichen Sprache gibt es begrenzte Gedanken und Leben dahinter. Was meinen wir mit „Provinzialismus", wenn man ihn auf einen Mann oder auf das Volk eines Staates oder Landes bezieht? Es bedeutet Begrenzung. Illustrationen sind überall . Nehmen Sie einen schottischen Highlander, einen Iren aus einer selten besuchten landwirtschaftlichen Region oder, in unserem eigenen Land, einen Neu-Engländer, der geboren und aufgewachsen ist und nie von zu Hause weg ist; oder ein Dorfgeorgianer, ein durch und durch alter Südstaatler. Diese Männer sind provinziell. Sie mögen bewundernswerte und tatsächlich edle Eigenschaften haben, aber ihre Ansichten sind begrenzt, ihre Sympathien eng und dadurch sind sie von den Sympathien ihrer Mitmenschen aus anderen Lebenslagen abgeschnitten. Wilde Menschen zeigen uns die Extreme des Provinzialismus.

Aber nehmen wir nun unser Beispiel aus den höchsten Bereichen des Lebens. Zu den Alten gehört zum Beispiel Platon – der aufgeschlossenste Mensch wie jeder andere. Was ist er? Griechisch bis ins Mark. Es gab keinen größeren Römer als Julius Cäsar . Aber er war im Wesentlichen römisch; er wurde nach Rasse und Land lokalisiert; Es gab vieles in ihm, das nur ein Römer verstehen konnte, und daher viel, was ihn in seinem Wissen über die Männer anderer Nationen einschränkte.

Kommen Sie in modernere Zeiten. Nur ein paar Jahre Vor diesem Jahr feierte die protestantische Welt den vierhundertsten Jahrestag der Geburt Martin Luthers. Es gab genug in Luther, um seinen Einfluss über viele Generationen hinweg aufrechtzuerhalten. In jedem Land, in dem die Wirkung der lutherischen Reformation zu spüren ist, bestand echtes Interesse an der Feier des Geburtstags des großen Deutschen. Es gab Sympathie für Luther; außerdem mehr oder weniger Verständnis für ihn. In Luther gab es genug kraftvolles Leben, um Deutschland zu überschwemmen und andere Länder zu bereichern; Dennoch war er ein Deutscher und daher kein universeller, sondern ein begrenzter Charakter. Und so bedeutet er Deutschland mehr als England, Frankreich oder Amerika. Es ist nicht einfach so, dass die Deutschen mehr an ihm als patriotischem Gefühl interessiert sind, das aus dem Nationalstolz auf ihren größten Mann erwächst; Sie verstehen ihn besser als andere Menschen. Wenn er in die Welt zurückkehren könnte, würde er die Deutschen besser verstehen als andere Menschen.

Zu den großen Männern im bürgerlichen Leben zählt das amerikanische Washington. Obwohl er ein großartiger Mann war und über Eigenschaften verfügte, die alle wahren Männer anerkennen und gutheißen, war er dennoch im Wesentlichen Amerikaner. Er war im Wesentlichen auch Virginianer und ein Plantagenaristokrat Virginianer seiner Zeit und kein anderer.

Nehmen Sie den englischen Gladstone, der lebende Männer. Aufgeschlossen, gut informiert, reif in der Weisheit, reich an Gelehrsamkeit, allmächtig, so kann man wohl annehmen, dass er an Herzgröße und Umfang an Sympathien keinem Menschen unserer Zeit nachsteht. Aber er ist Engländer; Es gibt vieles in ihm, das kein Ausländer vollständig verstehen kann, und es gibt vieles in jedem Ausländer, das Gladstone nicht verstehen kann.

Nehmen wir noch ein Beispiel – den Mann, den wir „unzählig denkend" nennen – den Prinzen der Dichter, den König der Dramatiker, William Shakespeare. Ich denke, er konnte sich so vollständig in das Bewusstsein eines Mannes einer anderen Nation hineinversetzen wie jeder andere, der jemals geschrieben hat. Er ist so nah wie möglich an einem „Dichter der Menschheit". Aber in der Literatur ist die Aussage, dass viele der besten Gedanken in seinen großen Dramen einer Übersetzung in fremde Sprachen nicht standhalten, eine bloße Gemeinheit; Genauso wie die besten Orangen, die, wie uns Reisende sagen, in Brasilien angebaut werden, den Transport in andere Länder nicht vertragen. Wenn man sagt, dass es sich dabei um eine Sprachschwierigkeit handelt, bedeutet dies selbst die Einschränkung, die mit einfachen Männern einhergeht. Dies erklärt jedoch nicht die gesamte Schwierigkeit der Übersetzung; Es sind die Beschränkungen, die den

Menschen auszeichnen. Kein Ausländer kann Shakespeare, der Engländer war, richtig verstehen.

Einige Schriftsteller haben gesagt: „Shakespeare hat den Engländer des 16. Jahrhunderts dramatisiert." Er schrieb über andere; er dramatisierte den Engländer seiner Zeit. Er kannte ihn. Er hat den Mann des 16. Jahrhunderts nicht dramatisiert. Es gibt keinen Charakter, der in jedem Land zu Hause sein kann; Wer kann für das Rennen antreten? Noch weniger dramatisierte er den Menschen des 19. Jahrhunderts; Genie ist einer solchen Prognose nicht gewachsen. Denn einfache Menschen sind nicht nur in ihrem Denken, ihrer Sympathie und ihrem Charakter durch den Ort lokalisiert, sie sind, wenn möglich, noch stärker durch die Zeit begrenzt; die Einflüsse, die ihnen vorausgingen und sie zu Lebzeiten einschlossen.

Aber was finden wir, wenn wir Jesus von Nazareth im Hinblick auf Zeit und Ort, Blut und Land, Bildung und Sprache betrachten? Dies: Wir denken überhaupt nicht an ihn, obwohl wir diese Worte verwenden, als Jesus von Nazareth. Wir halten ihn nicht für einen Juden, nicht einmal für einen Asiaten. Der Galiläer, der Jude, der Asiate geht im Menschen verloren. Die Umstände hinterließen keinen solchen Eindruck auf Jesus, dass sie ihn lokalisieren, sein Mitgefühl einschränken oder seine allumfassende, harmonische und vollkommene Menschlichkeit auch nur im Geringsten beeinträchtigen könnten.

Wenn Übersetzer über gründliche Sprachkenntnisse verfügen, sind die Worte Jesu einer Übersetzung gewachsen, wie es kein menschliches Wort verträgt. Ich glaube nicht, dass seine Gedanken durch die Übersetzung irgendetwas , irgendeinen Geschmack, irgendeine Farbe verlieren. Wenn sie richtig übersetzt werden, bedeuten seine Gedanken für einen Amerikaner, was sie bedeuteten an die Menschen, die ihn zuerst sprechen hörten. Sie erzeugen bei Menschen verschiedener Rassen und Sprachen dieselben Gedanken, erregen dieselben Überzeugungen, wecken dieselben Sympathien und führen zu denselben Schlussfolgerungen über Recht, Unrecht und Pflichten, und zwar in jeder Sprache, die sie jemals wiederholt hat. Wenn diese Worte Jesu befolgt werden , erzeugen sie bei den Menschen jeder Nation, den aufgeklärtesten und den wildesten, die gleichen wesentlichen Eigenschaften. Es hängt nicht von der Rasse, der Vererbung oder der Umgebung ab; Die charakterlichen Ergebnisse der Annahme und des Lebens des Evangeliums sind immer und überall dieselben . Ob griechisch, römisch, skythisch oder hebräisch in den frühen Tagen des Christentums; Ob nun Kaukasier, Asiate oder Afrikaner, der Mensch , der Christus nachfolgt, wird in sein Ebenbild verwandelt. Kein Boden, kein Klima, keine Zeit verändert die Frucht dieses Baumes.

Vor allem und am wenigsten wie bei jedem einfachen Menschen bedeuten seine Worte für uns nicht nur das, was sie für seine ersten Jünger bedeuteten; Er bedeutet uns genauso viel. Er ist für eine sündige und reumütige Frau unserer Zeit genau das, was er für jene Maria war, die ihm im Haus des stolzen Pharisäers die Füße küsste. Er ist für jeden abscheulichen Unglücklichen, der ihn braucht und will, genau das, was er für den Mann voller Lepra oder für ihn aus Gadara war. An Marys und Marthas, die heute ihre Toten beweinen er bedeutet genauso viel wie den Schwestern von Bethanien. All dies stimmt mit dem überein, was er von sich selbst als „ Menschensohn " sagte . Hatte irgendjemand jemals eine solche Vorstellung von sich selbst, von der Menschheit und von seiner Beziehung zu ihr? Nicht ein einziges Wort, keine einzige Handlung von ihm ist seiner Zeit oder Rasse verschlossen. Jesus ist „der Menschensohn"; der ideale und universelle Mann, der repräsentative Mann der gesamten Rasse, der Bruder jedes Mannes, jeder Frau und jedes Kindes auf der Welt; alle liebend und von allen überaus liebenswert.

Kapitel XVII.
DER CHRISTUS, DER SOHN DES LEBENDIGEN GOTTES.

WAS wurde über die Kraft der Lehren Jesu dargelegt, das Gewissen anzuregen, anzuregen und zu erleuchten; was über seinen eigenen Charakter und sein Leben als Verkörperung und damit Erläuterung, Verdeutlichung und Durchsetzung seiner Lehre gesagt wurde; Was über die absolute Universalität seines Charakters gesagt wurde, der ihn zum Bruder jedes Menschen und damit sowohl für einen als auch für einen anderen macht, all dies bringt uns dazu, kurz über eine wunderbare, aber sehr häufige Tatsache der täglichen Beobachtung und Erfahrung zu sprechen: a Tatsache, die nicht vom Charakter, der Natur und der Persönlichkeit Jesu selbst getrennt werden kann: die Wirkung seiner Lehren und seiner selbst auf die Menschen.

Es ist nicht gemeint, dass alle, die sich Christen nennen, diese Ergebnisse zeigen; dass alle, die Christen sind, all diese Ergebnisse zeigen; dass jeder Mann oder jede Frau, die jemals als Christ bezeichnet wurde, alle für die Menschheit möglichen Ergebnisse als natürliche Folge gezeigt hat, wenn man die Lehre Jesu vollständig annimmt und danach lebt Es. Ich werde nicht mehr für gefälschte Münzen plädieren; Genauso wenig würde ich sagen, dass alle Münzen, die reines Gold enthalten, das volle Gewicht haben und keine Legierung aus unedleren Metallen enthalten. Aber eines sage ich: Wir finden und finden immer bei denen, die die Lehren Jesu annehmen und ihnen gehorchen, die Ergebnisse, auf die er hingewiesen hat, als Folge ihrer Annahme; dass die Ergebnisse proportional zur Gründlichkeit sind, mit der diese Lehren befolgt werden; dass diejenigen, die sie am besten bewahren, ihm am ähnlichsten werden, dem einzigen tadellosen und vollkommenen Menschen.

Wir werden uns nicht auf theologische Diskussionen einlassen; wir berühren nicht die Metaphysik des Subjekts; Aber dies kann rund und ohne Einschränkung bestätigt werden: Diejenigen, die an seine Worte glauben, sie annehmen und ihnen gehorchen, werden nicht nur in ihrer Lebensweise verändert, sie werden, soweit wir überhaupt Mittel zur Beurteilung der Menschen haben, auch in ihrem Lebensgeist verändert . So geschieht es auch bei denen, die seine Worte halten; Altes wird zu Neuem, nicht nur im Bereich des Handelns, sondern auch im Bereich des Denkens, Fühlens, Wollens.

Meiner Meinung nach kann es auf dieser Welt nichts Schwierigeres geben, als nicht nur das äußere Leben der Menschen, sondern auch die Menschen selbst zu verändern. Die Herzen der Menschen zu verändern ist wie Welten zu erschaffen.

Wer sonst, der jemals gelehrt, gelebt oder gestorben ist, tut das? Das? Ist das unter Männern so? Ist dies der Fall, weil er fast zweitausend Jahre lang den Menschen nicht mehr sichtbar und zu hören war? Aber Jesus wirkt dieses Wunder jetzt und bei Menschen aller Rassen und Zustände, zivilisiert und wild, gelehrt und ungebildet. Und ihre Zahl ist wie der Sand am Meeresufer und wie die Sterne am Himmel an Menge.

Aufrichtige Denker müssen bei der Beschreibung von Jesus – bei seiner Charakterisierung und Klassifizierung – die Auswirkungen berücksichtigen, die sich auf den menschlichen Charakter sowie auf das menschliche Leben und auf das menschliche Leben aufgrund des menschlichen Charakters auswirken.

Die Männer der Wissenschaft sagen uns, dass wir bei der Bildung unserer Schlussfolgerungen Fakten berücksichtigen müssen; und sie haben recht. Es war Jesus, der dieses Prinzip lange vor Bacon lehrte; „An ihren Früchten sollt ihr sie erkennen." Wenn wir Jesus studieren, müssen wir die Tatsachen im menschlichen Leben berücksichtigen, die mit ihm in Zusammenhang zu stehen scheinen.

Wir haben von der Charakterveränderung gesprochen – egal, wie man sie nennt –, die dem Gehorsam gegenüber Jesus folgt. In diesem Zusammenhang gibt es noch etwas ganz Wunderbares zu bedenken. Was ich jetzt erwähnen muss, ist, allein auf der Grundlage des gesunden Menschenverstandes und weltlicher Überlegungen, die wunderbarste und unerklärlichste aller Tatsachen, die unter Menschen in Bezug auf irgendein Wesen beobachtet werden, das nicht in sichtbarer Form bei ihnen ist. greifbare Form; Ich beziehe mich auf die unvergleichliche Liebe, die seine wahren Schüler für ihn empfinden, nicht als Lehrer, sondern als Person.

Niemand kann es leugnen. Wer, wenn Jesus nur ein Mensch wäre, könnte es erklären?

Kein Mann, der die Geschichte oder die heutige Welt kennt, wird auch nur einen Moment daran zweifeln, dass Millionen und Abermillionen von Menschen – Männer, Frauen und kleine Kinder – die überwältigendste Liebe für die Person Jesu empfunden und gezeigt haben; eine Liebe, die alle Angst vertrieb und jede andere Liebe beherrschte. Einige große Lehrer und Führer hatten schon im Fleisch Anhänger und Freunde, die sie so sehr liebten, dass sie ihr Leben aufs Spiel setzten und für sie starben. Wir können den Soldaten verstehen, der einmal, als eine Granate in der Nähe des ersten Napoleon einschlug , während diese gerade explodierte, sich zwischen die tödliche Bombe und seinen geliebten Häuptling warf und an seiner Stelle starb, indem er seine Arme um ihn warf. Aber als Napoleon im Exil auf St. Helena war , beklagte er sich eines Tages darüber, dass es unter all denen, mit denen er in den Tagen seiner Macht befreundet war, niemanden gab, der für ihn das Schwert zog, als er im Exil war. Wer würde jetzt für Napoleon sterben?

Es gab Denker, Dichter, Redner und Philosophen, die begeisterte Bewunderer hatten, die in dem hübschen Krieg der Worte für sie kämpften. Shakespeare hat so viele solcher Bewunderer wie der Erste auf der ganzen Welt. Aber wer liebt ihn – den Mann – auf eine so tiefe und fesselnde Weise, wie unzählige Millionen den Mann – Jesus von Nazareth – geliebt haben und jetzt lieben? Es überrascht Sie, eine solche Frage zu hören. Wenn Jesus nur ein Mann war, sollte die Frage nicht überraschen. Wie kommt es, dass eine solche Liebe, wie sie das große Heer von Märtyrern und Beichtvätern gezeigt hat, für niemanden außer diesem galiläischen Bauern empfunden wurde?

So eine Liebe zu Buddha oder Mohammed gab es heute nicht mehr. Den Begründern des Buddhismus oder des Mohammedanismus wurde nie eine solche Liebe entgegengebracht . Eine solche Liebe wurde nie für jemanden empfunden, der schon lange aus der Mitte der Menschen verschwunden war.

Diese Liebe ist nicht wie der Fanatismus, der für die eigene Idee kämpft; es ist die Liebe einer Person zu einer Person. Diese Liebe zu Jesus hat sich als die größte Liebe erwiesen, die jemals im menschlichen Herzen herrschte. Für diese Liebe wurden alle anderen Lieben aufgegeben – gekreuzigt.

Geben Männer und Frauen in ihrem Sinne ihre Kraft und ihren lebenslangen Dienst für einen anderen Namen? Fröhlich für einen anderen Namen sterben? Für jemanden sterben, der schon lange von ihnen verschwunden ist – von der Welt verschwunden und, soweit Verstand und Vernunft wissen, für immer verschwunden? Aber weder Jahrhunderte vergehen noch Entfernungen durch trennende Meere, Entfernungen, die zwischen dieser Welt unbekannt sind und die Welt, die die Menschen nicht kennen, oder die Trennung durch Rassenunterschiede kühlen diese Liebe ab. Was die Märtyrer in Jerusalem taten, taten sie bald darauf in Rom, in Alexandria und in jeder Stadt und jedem Land dieser Zeit und in diesem Teil der Welt. Sie taten dasselbe – sie starben mit Liedern auf ihren Lippen für diesen Mann aus Galiläa – in späteren Jahrhunderten. So war es im Mittelalter in allen Ländern Europas. So haben sie es in unserer Zeit auf dieser großen Insel, Madagaskar, getan, die in den dunklen Söhnen der Tropen, deren Väter heidnische Götzendiener waren, die überwältigende Liebe von Männern, Frauen und Kindern für den Jesus gezeigt hat, den sie nie gesehen hatten ; der auf der anderen Seite der Welt lebte und vor fast zweitausend Jahren den Menschen beibrachte, wie sie gerettet werden können. Sie starben in Madagaskar, wie sie in Rom starben, „die Liebe Christi zwang sie".

Und die besten Menschen der heutigen Welt würden für ihn sterben, in jedem Land, in das sein Wort gegangen ist. Und diese Liebe wird voller und stärker; Jesus ist mehr in den Gedanken und in der Liebe der Menschen verankert als jemals zuvor.

Wenn Sie das Wunder, von dem wir jetzt sprechen, in gewisser Weise erkennen möchten, stellen Sie sich vor, dass heute eine solche Leidenschaft in die Herzen von Millionen von Männern gelangt, die sie dazu treiben würde, voller Freude für Sokrates oder jeden anderen von einer Frau geborenen Menschen zu sterben , speichern Sie die Mann, der einst Zimmermann in Josephs Werkstatt in Nazareth in Galiläa war. So etwas kann man sich nicht vorstellen. Was Jesus und die Liebe zu ihm betrifft, bleibt es nicht der Fantasie überlassen; wir haben Geschichte. Und wir kennen eine große Schar, die jetzt gerne für Jesus sterben würde, wenn auf sie die Märtyrerprüfung käme.

Als Jesus aus dem Blickfeld der Menschen verschwand, bestand keine menschliche Wahrscheinlichkeit, dass sein Name mehr als ein Vorwurf sein würde, bis sein Name und sein Schicksal wie bei jedem gewöhnlichen Verbrecher – wie bei den vergessenen Dieben, zwischen denen er starb – aus der Erinnerung verschwanden von Männern. Menschlich gesehen war es sicher, dass er niemals einen einsamen Anhänger haben würde. Kein vernünftiger Mensch hätte sich unter Berücksichtigung der gewöhnlichen Wahrscheinlichkeiten menschlicher Motive und Handlungen die Möglichkeit einer riesigen Schar von Jüngern vorstellen können, die ständig wächst, ihre Eroberungen auf der ganzen Welt vorantreibt, über Jahrhunderte hinweg zusammenhält und alle Arten von Widerständen erträgt und bitterer Verfolgung und jetzt, in diesem Jahr 1889, die Hauptmacht der Welt; eine Kraft, die über alle Kaliber hinaus jetzt den aktivsten, aggressivsten und revolutionärsten Einfluss ausübt, der je unter den Menschen entstanden ist.

Man hätte es sich nicht vorstellen können; jede dominierende Macht der Welt stellte sich gegen ihn; Für Jesus würde kein Stern leuchten, wenn er nur ein Mensch wäre.

Aber der gekreuzigte Jesus lebt weiter. Rund um sein Kreuz war das Schlachtfeld der Jahrhunderte. Alles, was menschliches Können und bitterer Hass tun konnten, wurde getan, um das Licht auszulöschen, das er auf Golgatha entzündet hatte. Aber er lebt weiter – lebt in den Menschen von heute; Im Alleingang geht er seinen Eroberungsweg. Seine Diener treiben seine Sache in allen Nationen unter dem Himmel voran, weil sie ihn lieben. Wie in alten Zeiten erzählen sie in den Ländern, die an das Mittelmeer grenzen, auch heute unter den großen heidnischen Nationen – in Indien, China, Japan, Afrika und auf den Inseln des Meeres – die Geschichte, die er ihnen befohlen hat, bis dahin zu wiederholen er sollte wiederkommen. Und indem sie es sagen, stellen sie jetzt, wie in den Tagen seiner ersten Apostel, „die Welt auf den Kopf".

In jedem Land bauen seine Kinder sein Königreich auf. Sie sterben für ihn, und andere nehmen ihren Platz ein; und so hört das in Jerusalem begonnene Werk nie auf. Die Geschichte bestätigt sein Versprechen: „Ich bin immer bei euch, bis ans Ende der Welt."

Ein solcher Charakter hätte nicht erdacht werden können, wenn nicht ein solches Leben gelebt worden wäre; Ein solches Leben konnte nicht auf hebräischem Boden entstanden sein; Kein einfacher Mensch kannte jemals die tiefsten Wahrheiten, ohne sie zu untersuchen, oder lehrte sie, ohne sie zu beweisen. Kein normaler Mensch hat sich jemals ein solches Werk ausgedacht, wie Jesus es sich selbst vorschlug, und kein einfacher Mensch hätte es angenommen Methoden, die Jesus verwendete; Kein einfacher Mensch hat sich jemals ein so gewaltiges Unterfangen vorgestellt wie die moralische Eroberung der Rasse. Kein einfacher Mensch hat jemals so souverän Einfluss auf das Gewissen, die Liebe und den Willen der Menschheit genommen.

Was Simon Petrus sagte, gilt bis heute als Glaube der Kirche: „Du bist der Christus, der Sohn des lebendigen Gottes." Die großen Worte des heiligen Johannes gelten als Lehre der Heiligen Schrift und als Urteil sowohl der Vernunft als auch der Geschichte: „Das Wort war bei Gott, und das Wort war Gott ... Und das Wort wurde Fleisch und wohnte unter uns." (und wir sahen seine Herrlichkeit, die Herrlichkeit des Eingeborenen des Vaters), voller Gnade und Wahrheit."

Die Tatsachen seiner Menschlichkeit und seines Wirkens und Einflusses in der Welt verbieten es uns, Jesus den Menschen zuzuordnen, und die Anerkennung seiner Göttlichkeit allein erklärt die Tatsachen seiner Menschlichkeit. Als Gottmensch betrachtet, ist alles in Harmonie; Wunder nehmen ihren gebührenden Platz in den Aufzeichnungen seiner Geschichte ein, und Geist und Natur, Himmel und Erde, Gott und Mensch treffen sich in Jesus, dem Christus.

Aber – wenn er nur ein Mensch wäre – er wäre ein Mensch, der es tausendmal wert wäre, für ihn zu sterben und ihm für immer, durch Zeit und Ewigkeit zu folgen.

Milton Keynes UK
Ingram Content Group UK Ltd.
UKHW011821120624
444110UK00004B/225